Inhalt

Zu dieser Mappe

Die vorliegenden Kopiervorlagen bieten sich für eine schnelle Unterrichtsvorbereitung an: Sie ermöglichen eine schnelle Auswahl der Lehrplanthemen und sind ohne lange Vorbereitungszeit einsetzbar. Zu jedem Themenaspekt gibt es eine **Einstiegsseite** und **drei Arbeitsblätter mit je einer Differenzierungsstufe.** Für eine **selbstständige Lösungskontrolle** durch die Schülerinnen und Schüler werden im hinteren Teil der Mappe alle Arbeitsblätter mit Lösungseinträgen bereitgestellt. Sie können die Schüler entweder selbst wählen lassen, welche Differenzierungsstufe sie bearbeiten möchten oder

Sie geben je nach Leistungsstand individuell vor, welche Aufgaben gelöst werden sollen.

 Einstiegsseite

 Niveaustufe 1 (leicht)

 Niveaustufe 2 (mittel)

 Niveaustufe 3 (schwer)

Bernard Ksiazek/Marco Bettner/Erik Dinges: Last Minute: Mathematik 5. Klasse
© Persen Verlag

Große Zahlen lesen und schreiben – Einstieg

Wie heißt die jeweils dargestellte Zahl in der Stellenwertafel?

Zahl	Milliarden			Millionen			Tausender			H	Z	E
	HMrd.	ZMrd.	Mrd.	HM	ZM	M	HT	ZT	T	H	Z	E
				1	4	3	4	8	7	5		
		5	0	0	7	8	0	9	6	2	2	1
	7	8	2	4	5	3	5	8	8	6	4	3
						3	9	9				

Große Zahlen lesen und schreiben I

1 **Zerlege die Zahlen.**

a)   145 = _____ + _____ + _____

b)   8 791 = _____ + _____ + _____ + _____

c)   3 964 = _____ + _____ + _____ + _____

d)   22 756 = _____ + _____ + _____ + _____ + _____

2 **Notiere die Zahl. Trage sie anschließend in die Stellenwerttafel ein.**

T	H	Z	E

a)   7 000 + 500 + 40 + 1 = _____

T	H	Z	E

b)   9 000 + 100 + 60 + 7 = _____

ZT	T	H	Z	E

c)   10 000 + 8 000 + 300 + 40 + 2

=   _____

3 **Verbinde die Zahl mit der richtigen Schreibweise.**

45 711   neunundachtzigtausendsiebenhundertvierzig

98 704   fünfundvierzigtausendsiebenhundertelf

89 740   dreitausendsiebenhundertvierundneunzig

  3 794   achtundneunzigtausendsiebenhundertvier

Bernard Ksiazek/Marco Bettner/Erik Dinges: Last Minute: Mathematik 5. Klasse
© Persen Verlag

Große Zahlen lesen und schreiben II

1 **Schreibe die Zahl in die Stellenwerttafel.**

Millionen			Tausender						Zahl
HM	ZM	M	HT	ZT	T	H	Z	E	
									250 621
									846 022
									7 671 197
									88 102 455

2 **Notiere die jeweilige Zahl in Worten.**

a) 247 074: <u>zweihundertsiebenundvierzig ...</u>

_____

b) 810 693: _____

_____

c) 6 445 176: _____

_____

3 **Notiere in Ziffern.**

a) fünfhundertsiebenundvierzigtausendeinhunderteinundzwanzig:

<u> 5 </u> <u> 4 </u> <u>   </u> <u>   </u> <u>   </u> <u>   </u>

b) siebenundsechzigtausendvierhundertundeins:

<u>   </u> <u>   </u> <u>   </u> <u>   </u> <u>   </u>

c) zwei Millionen sechshundertdreitausendeinhundertachtzehn:

_____

4 **In Asien wohnen ca. vier Milliarden Menschen.**
Wie viel Millionen Menschen sind das?

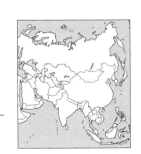

_____

Große Zahlen lesen und schreiben III

1 Schreibe die Zahl in die Stellenwerttafel.

Milliarden			Millionen			Tausender						Zahl
HMrd.	ZMrd.	Mrd.	HM	ZM	M	HT	ZT	T	H	Z	E	
												450 623
												987 025
												14 578 421
												52 396 174 508

2 In Deutschland leben einundachtzig Millionen siebenhundertsiebzigtausendneunhundertvierundvierzig Menschen. Frankreich besitzt sechsundsechzig Millionen dreihundertsiebzehntausendneunhundertvierundneunzig Einwohner.

a) Notiere die Einwohnerzahl von Deutschland in Ziffern.

_____

b) Berechne schriftlich die Differenz der Einwohner beider Länder.

_____

3 Wandle die römische Zahlen um. Notiere sie anschließend in Worten.

a) MMMMMCDXVII = _____

in Worten: _____

_____

b) MMMDCCLXXXI = _____

In Worten: _____

_____

4 Wie alt ist ein Mensch, der drei Millionen Sekunden alt ist? Berechne in Stunden.

_____

Schriftliche Addition – Einstieg

1 **Addiere schriftlich: 34 574 + 8 547.**

a) Schreibe zunächst die Ziffern an die richtige Stelle.

	ZT	T	H	Z	E
+					

b) Berechne.

2 **Nenne alle wichtigen Punkte, die bei der schriftlichen Addition beachtet werden sollten.**

_____

_____

_____

_____

_____

_____

_____

Schriftliche Addition I

1 Schreibe zunächst die Ziffern an die richtige Stelle in der Tabelle.
Berechne anschließend das Ergebnis.

a) 5 541 + 396

	T	H	Z	E
+				

b) 7 847 + 1 935

	T	H	Z	E
+				

c) 6 099 + 1 816

	T	H	Z	E
+				

d) 4 005 + 3 405

	T	H	Z	E
+				

2 Berechne die Aufgaben schriftlich auf einem Extrablatt.

a) 417 + 789 = _____

b) 6 194 + 2 148 = _____

c) 3 654 + 3 875 = _____

d) 2 750 + 2 297 = _____

e) 5 123 + 4 180 = _____

f) 796 + 7 941 = _____

g) 2 358 + 746 = _____

h) 1 214 + 4 751 = _____

i) 45 174 + 2 451 = _____

k) 21 041 + 6 471 = _____

l) 68 410 + 17 669 = _____

m) 34 008 + 9 987 = _____

Schriftliche Addition II

1 **Berechne.**

a)

	2	4	5	8	1
+	1	2	0	5	7

b)

	4	9	0	0	5
+	3	0	8	1	6

c)

		5	6	4	4	3
+		5	8	9	7	5

2 **Berechne die Aufgaben schriftlich auf einem Extrablatt.**

a) 685 741 + 124 587   b) 5 687 + 98 745 + 69 007   c) 547 854 + 369 458 + 523 657

3 **Berechne die leeren Pyramidenfelder und notiere die Lösungen.**

a)

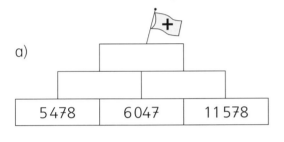

5 478	6 047	11 578

b)

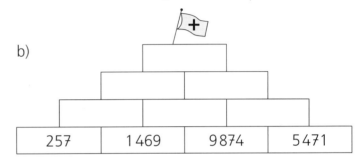

257	1 469	9 874	5 471

4 **Berechne die Zahlen für die grauen Felder.**

a)

		3		7	0
+	2	2	8		0
		3		3	8

b)

		5	6		2
			6	6	4
+		4		8	5
	2	2	3	8	

5 **Wie viele Besucher waren im Jahr 2007 im Märchenland in Merkenfritz?**

Jahreszeit	Frühjahr	Sommer	Herbst	Winter
Anzahl Besucher	14 587	29 830	8 513	2 379

Schriftliche Addition III

1 Berechne die Aufgaben schriftlich auf einem Extrablatt.

   a) 75 274 + 2 687 + 145 = _____

   b) 558 174 + 17 885 + 4 455 = _____

   c) 241 104 + 134 908 = _____

   d) 78 412 + 2 175 + 11 997 + 184 = _____

2 Berechne die leeren Pyramidenfelder und notiere die Lösungen.

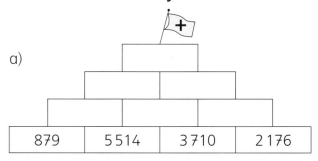

a)

| 879 | 5 514 | 3 710 | 2 176 |

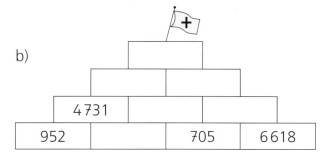

b)

| | 4 731 | | |
| 952 | | 705 | 6 618 |

3 Vervollständige die Zauberwürfel. Jede Spalte, Zeile und Diagonale ergibt dieselbe Summe.

12		4
	10	
	6	8

	9	4
	7	
10	5	

	5		
2	11	7	
		6	15
13	8	12	1

4 Berechne die Zahlen für die grauen Felder.

  a)

	6			5	5
+	1	3	9		6
+	1	1	4	1	
		8	6	4	1

  b)

	4	3		1	2
+	2	0	5		
+		4	0	2	4
	8		6	9	9

Berechne die jeweiligen Lösungen auf einem Extrablatt.

5 a) Berechne die Summe aus 2 554, 3 519, 8 466 und 9 166.

    b) Addiere zu der Zahl 716 die Zahl 3 377.

    c) Wie groß ist die Summe, wenn der 1. Summand 1001, der 2. Summand 8 649 ist?

Schriftliche Subtraktion – Einstieg

1 **Subtrahiere schriftlich: 83 475 – 43 524**

a) Schreibe zunächst die Ziffern an die richtige Stelle.

	ZT	T	H	Z	E
–					

b) Berechne.

2 **Nenne alle wichtigen Punkte, die bei der schriftlichen Subtraktion beachtet werden sollten.**

_____

_____

_____

_____

_____

_____

_____

_____

_____

_____

_____

_____

Schriftliche Subtraktion I

1 **Berechne die Aufgaben im Kopf.**

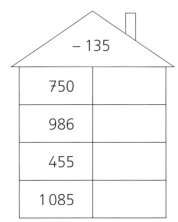

− 135	
750	
986	
455	
1 085	

− 450	
1 555	
3 100	
948	
2 075	

− 222	
888	
2 468	
5 680	
3 648	

2 **Berechne die Aufgaben schriftlich auf einem Extrablatt.**

Finde deine Ergebnisse im unteren Kasten und setze sie zu einem Lösungswort zusammen.

a) $699 - 512 =$ _____

b) $12\,750 - 8\,291 =$ _____

c) $6\,945 - 4\,655 =$ _____

d) $8\,471 - 692 =$ _____

e) $10\,471 - 5\,510 =$ _____

f) $6\,320 - 1\,238 =$ _____

g) $9\,977 - 8\,791 =$ _____

h) $131\,465 - 81\,520 =$ _____

l) $4\,761 - 2\,046 =$ _____

Lösungswort: __ __ __ __ __ __ __ __ __
        1 2 3 4 5 6 7 8 9

2299 = F	49945 = N	197 = T	7779 = F	5082 = R
1186 = E	2199 = S	2715 = Z	4459 = I	3748 = O
	7910 = A	4961 = E	187 = D	

Bernard Ksiazek/Marco Bettner/Erik Dinges: Last Minute: Mathematik 5. Klasse
© Persen Verlag

Schriftliche Subtraktion II

1 Berechne.

a)
```
    9   1   4
-   6   5   2
_____
```

b)
```
    5   0   6   3   2
-   3   8   5   2   4
_____
```

c)
```
    9   4   7   2   0   1
-   6   4   4   2   3   7
_____
```

2 Berechne die Aufgaben schriftlich auf einem Extrablatt.

a) 7 894 – 3 487   b) 25 469 – 13 987   c)   257 698 – 124 605

3 Berechne die leeren Pyramidenfelder und notiere die Lösungen.

a)
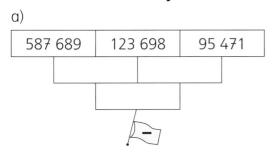

b)
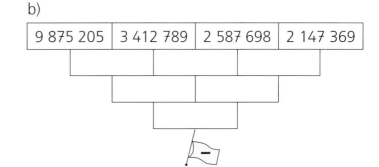

4 Frau Neumann möchte ein Auto für 23 650 € kaufen. Sie kann ihren alten Wagen für 3 700 € in Zahlung geben. Selbst hat sie noch 18 500 € Bargeld zur Verfügung. Berechne, ob sie sich das Auto leisten kann.

_____

_____

_____

5 Familie Yılmaz besichtigt zwei Häuser. Das erste Haus kostet 289 622 €, das andere 305 850 €.
Berechne die Differenz.

_____

_____

Schriftliche Subtraktion III

1 **Berechne die Aufgaben schriftlich auf einem Extrablatt.**

a) 50 789 − 25 413 − 11 074 = _____

b) 16 891 − 6 451 − 3 687 = _____

c) 742 123 − 340 118 − 287 554 = _____

d) 8 508 145 − 6 447 046 = _____

2 **Berechne die leeren Pyramidenfelder und notiere die Lösungen.**

a)

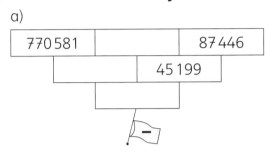

770 581			87 446
		45 199	

b)

8 534 997	3 435 009		707 453
		1 840 688	

3 **Die Differenz zwischen 69 316 und 38 819 ist 30 397.**
Überprüfe, ob diese Aussage richtig oder falsch ist.

4 **Berechne die Zahlen für die grauen Felder.**

a)

	9	0	9		5
−		4		3	6
−		1	0	1	1	0
		3	3	7	7

b)

	8		4	5	
−	6	6	3		4
−	1	2	1	6	6
			4	9	1	5

5 **Berechne die jeweiligen Lösungen auf einem Extrablatt.**

a) Subtrahiere von 7 951 die Zahl 668.

b) Wie groß ist die Differenz, wenn der Minuend 80 911 und der Subtrahend 30 611 ist?

c) Berechne die Differenz aus 11 554, 4 712 und 1 321.

1 **Multipliziere schriftlich: 532 · 29.**

	5	3	4	•	2	9	

2 **Kreuze entsprechend an.**

Die Teilprodukte müssen subtrahiert werden. ☐ wahr ☐ falsch

Beginne bei den Einern im 2. Faktor! ☐ wahr ☐ falsch

Die Teilprodukte müssen entsprechend der ZT, T, H, Z und E
exakt untereinander geschrieben werden. ☐ wahr ☐ falsch

Addiere die Teilprodukte schriftlich. ☐ wahr ☐ falsch

Schriftliche Multiplikation I

1 **Rechne im Kopf.**

a) $5 \cdot 3 =$ _____

b) $7 \cdot 7 =$ _____

c) $2 \cdot 8 =$ _____

d) $6 \cdot 7 =$ _____

e) $9 \cdot 4 =$ _____

f) $8 \cdot 6 =$ _____

g) $7 \cdot 5 =$ _____

h) $6 \cdot 9 =$ _____

i) $4 \cdot 4 =$ _____

2 **Berechne schriftlich.**

a)

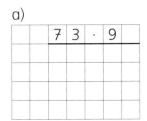

b)

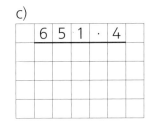

c)

d)

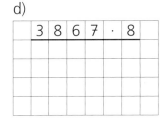

3 **Berechne durch Multiplizieren.**

a) $6 + 6 + 6 + 6 + 6 + 6 + 6 + 6 =$ _____

b) $11 + 11 + 11 + 11 + 11 + 11 =$ _____

c) $8 + 8 + 8 + 8 + 8 + 8 + 8 + 8 + 8 =$ _____

d) $15 + 15 + 15 + 15 + 15 =$ _____

4 **Berechne die leeren Pyramidenfelder und notiere die Lösungen.**

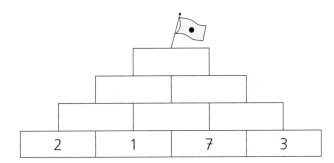

Schriftliche Multiplikation II

1 Berechne.

a)					b)						c)						d)							
4	8	2	·	7		5	2	2	·	3	8		7	1	0	·	7	4		3	8	8	·	4	8	5

2 Berechne schriftlich.

a) 2 547 · 24   b) 22 351 · 17   c) 666 · 427   d) 712 · 232

e) 74 352 · 4   f) 14 789 · 178   g) 26 802 · 4 287   h) 41 857 · 2 222

3 Führe „lediglich" einen angemessenen Überschlag durch.

a) 710 · 8   b) 1 095 · 6   c) 29 978 · 20   d) 805 104 · 9

4 Kenan hat sich einen Motorroller gekauft. Er muss dafür
9 Monatsraten zu je 189 € zahlen. Wie teuer ist der Motorroller?

5 Frau Schneider fährt zu ihrem Arbeitsplatz täglich 37 km
(einfache Strecke). Wie viele Kilometer fährt Frau Schneider

a) in einer Woche (5 Arbeitstage)?   b) in einem Monat (24 Arbeitstage)?

6 In einer Schachtel sind 75 Nägel. Wie viele Nägel sind insgesamt im Regal?

a)

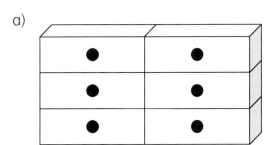

b)

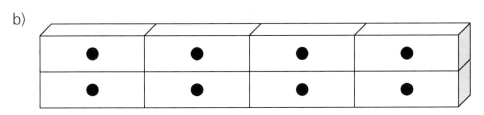

Schriftliche Multiplikation III

1 **Berechne schriftlich.**

a)

4	2	2	4	·	3	1	6

b)

5	7	1	3	·	4	5	2

c)

6	9	2	4	·	5	4	5

2 **Berechne die Aufgaben schriftlich auf einem Extrablatt.**
Finde deine Ergebnisse im unteren Kasten und setze sie zu einem Lösungswort
zusammen.

1) 304 · 209 = _____

2) 653 · 536 = _____

3) 3417 · 288 = _____

4) 466 · 845 = _____

5) 9216 · 182 = _____

6) 6472 · 374 = _____

Lösungswort: __ __ __ __ __ __
            1 2 3 4 5 6

2 420 528 = R	487 114 = B	370 008 = S	393 770 = T
63 536 = F	97 440 = E	1 677 312 = O	855 096 = N
1 144 974 = D	5 574 912 = P	350 008 = A	984 096 = K

3 **Eine Schule in Hannover hat drei Gebäude mit je drei Stockwerken.**
In jedem Stockwerk befinden sich 8 Unterrichtsräume mit je 32 Sitzplätzen.
Wie viele Sitzplätze gibt es in der Schule? Berechne.

_____

_____

4 **Frau Wagner fährt jeden Tag 8 km mit dem Fahrrad zur Arbeit und wieder zurück.**
Wie viele Kilometer fährt sie in einem Monat mit 22 Arbeitstagen?

_____

_____

Schriftliche Division – Einstieg

1 Divdiere schriftlich: 7 392 : 6.

	T	H	Z	E					T	H	Z	E	
	7	3	9	2	:	6	=						

2 Kreuze entsprechend an.

Es muss eine Treppenform entstehen. ☐ wahr ☐ falsch

Beginne wie bei der Addition mit den Einern. ☐ wahr ☐ falsch

Beginne mit den Tausendern. ☐ wahr ☐ falsch

Bei der letzten Rechnung muss immer Null herauskommen, sonst hat man sich verrechnet. ☐ wahr ☐ falsch

Schriftliche Division I

1 Berechne im Kopf die Hälfte von ...

24	16	32	86	98	44	22	74	106	284

2 Berechne nach Möglichkeit im Kopf.

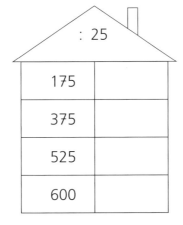

: 5

55	
120	
350	
1 000	

: 6

36	
96	
24	
108	

: 4

36	
44	
176	
96	

: 10

100	
850	
2 500	
280	

: 25

175	
375	
525	
600	

: 3

84	
36	
75	
102	

3 Berechne die Aufgaben schriftlich auf einem Extrablatt.

a) 336 : 8 = _____

b) 1 485 : 9 = _____

c) 1 680 : 7 = _____

d) 1 116 : 4 = _____

e) 780 : 6 = _____

f) 2 248 : 8 = _____

g) 775 : 5 = _____

h) 824 : 8 = _____

i) 2 535 : 3 = _____

Schriftliche Division II

1 Berechne.

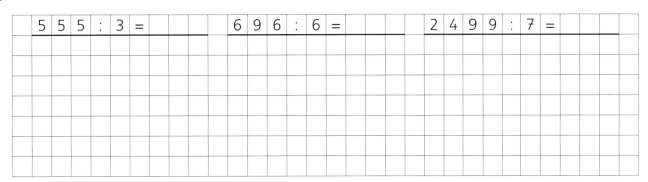

| 5 | 5 | 5 | : | 3 | = | | | | 6 | 9 | 6 | : | 6 | = | | | | 2 | 4 | 9 | 9 | : | 7 | = |

2 Berechne schriftlich.

a) 1 950 : 6   b) 34 251 : 7   c) 31 545 : 9   d) 5 655 : 15

e) 3 816 : 12   f) 11 760 : 28   g) 34 865 : 19   h) 14 030 : 305

3 Von einer 312 cm langen Holzlatte sollen 24 gleich große Stücke abgesägt werden. Wie viele Stücke erhält man?

4 Korrigiere falsche Rechnungen.

a) 8 748 : 27 = 324   b) 16 512 : 86 = 190   c) 47 286 : 111 = 425

5 In 17 Heimspielen kamen insgesamt 24 684 Zuschauer. Wie viele Zuschauer kamen im Schnitt pro Spiel?

6 Wie viele Minuten hat Bernd im Schnitt pro Tag am Fernseher gesessen?

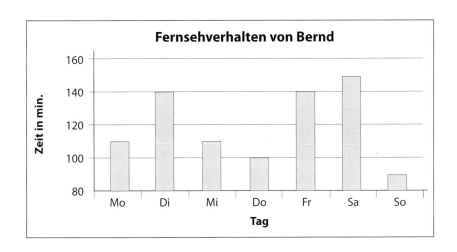

Schriftliche Division III

1 **Berechne die leeren Pyramidenfelder und notiere die Lösungen.**

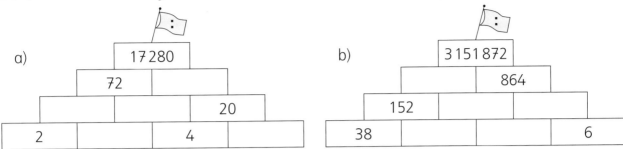

a)

| 17 280 |
72	
	20
2	4	

b)

| 3 151 872 |
	864
152	
38			6

2 **Berechne die Aufgaben schriftlich auf einem Extrablatt.**

Vervollständige die Tabelle.

Dividend	Divisor	Quotient
77 380	212	
15 308		89
	914	255
27 810	45	
	254	198
93 750		125

3 **Wähle passende Beispiele und berechne.**

Wie verändert sich ein Quotient, wenn man

a) den Dividenden halbiert?

b) den Divisor verdoppelt?

c) den Dividenden und den Divisor halbiert?

Rechteck – Einstieg

[1] **Zeichne ein Rechteck mit a = 8 cm und b = 5 cm.**

[2] **Notiere alle Eigenschaften eines Rechtecks.**

Rechteck I

1. **Ergänze zu einem Rechteck. Notiere alle fehlenden Bezeichnungen des Rechtecks (Eckpunkte, Seiten, Winkel).**

2. **Zeichne folgende Rechtecke in dein Heft.**

   Arbeite genau und ordentlich.

   a) a = 10 cm; b = 6 cm

   b) a = 7 cm; b = 4 cm

   c) a = 9,5 cm; b = 6,2 cm

   d) a = 12,4 cm; b = 8 cm

   e) a = 4 cm; b = 2,8 cm

   f) a = 6,7 cm; b = 4,4 cm

3. **Spanne auf dem Geobrett vier verschiedene Rechtecke.**

   Zeichne anschließend deine Lösungen ein.

   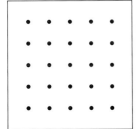 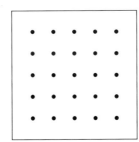 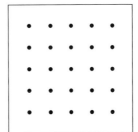 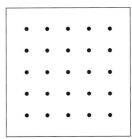

4. **Nenne Beispiele, wo du rechteckige Formen im Alltag finden kannst.**

Rechteck II

1. **Übertrage die folgenden Punkte in ein Koordinatensystem und verbinde sie. Wobei handelt es sich um ein Rechteck?**

   a) A (2|1), B (9|1), C (9|5), D (2|5)

   b) A (–2|0,5), B (–0,5|1,5), C (–1|6), D (–2|6)

   c) A (3|3), B (5,5|3), C (5,5|8), D (3|8)

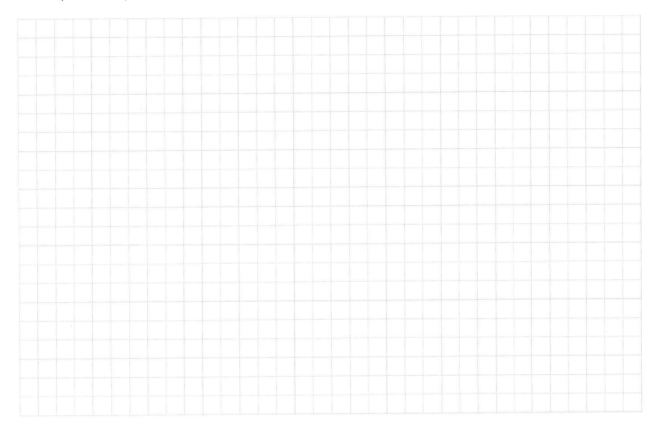

2. **Zeichne folgende Rechtecke auf ein weißes Blatt Papier.**

   Arbeite genau und ordentlich.

   a) a = 6 cm; b = 4 cm   b) a = 5,5 cm; b = 3 cm   c) a = 7 cm; b = 7,8 cm

   d) a = 12,3 cm; b = 8,1 cm   c) a = 9,4 cm; b = 11 cm   d) a = 3 cm; b = 11,8 cm

3. **Erkläre, welche der nachfolgenden Figuren Quadrate oder Rechtecke sind.**

   a)   b)   c)   d)

   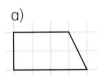   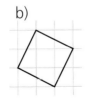   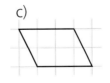   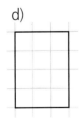

Rechteck III

1 Konstruiere folgende Rechtecke in deinem Heft:

a) a = 7 cm; b = 3 cm   b) a = 5 cm; b = 3,5 cm   c) a = 12 cm; b = 6 cm

2 Konstruiere die abgebildeten Rechtecke im Maßstab 1:1 in dein Heft.

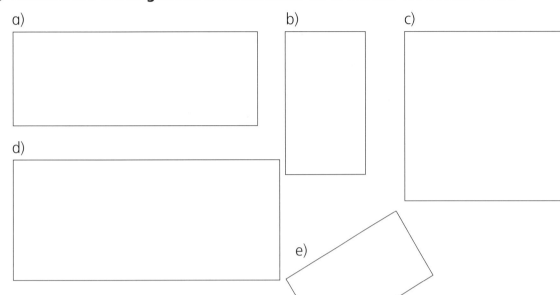

a)

b)

c)

d)

e)

3 Konstruiere die folgenden Quadrate in deinem Heft:

a) a = 5 cm   b) a = 10 cm   c) a = 3,5 cm   d) a = 7,2 cm

4 Notiere alle Eigenschaften eines Quadrats.

_____

_____

_____

5 Kreuze die richtige(n) Aussage(n) an.

a) Bei einem Rechteck sind gegenüberliegende Seiten gleich lang. ☐

b) Bei einem Rechteck sind die benachbarten Seiten gleich lang. ☐

c) Bei einem Rechteck können unterschiedliche Winkelmaße an den Eckpunkten auftreten. ☐

d) Bei einem Rechteck sind alle vier Winkel 90° groß. ☐

e) Jedes Quadrat ist auch ein Rechteck. ☐

Umfang Rechteck – Einstieg

1 Das dargestellte rechteckige Grundstück soll komplett umzäunt werden. Wie viele Meter Zaun werden benötigt?

10 m

30 m

Rechnung:

_____

_____

2 Notiere eine allgemeine Formel zur Umfangsberechnung des Rechtecks (U_R) in Abhängigkeit der Länge a und der Breite b.

b

a

$U_R =$ _____

Umfang Rechteck I

1 Bestimme den Umfang der abgebildeten Rechtecke.

a)

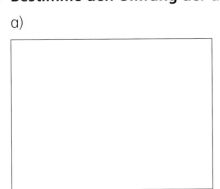

$U_R =$ _____

b)

$U_R =$ _____

c)

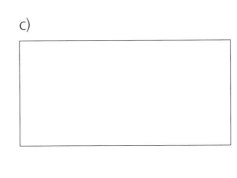

$U_R =$ _____

2 Schätze die Umfänge der abgebildeten Rechtecke. Kreuze an.

a)

12,5 cm ☐

16 cm ☐

14,2 cm ☐

b)

13,2 cm ☐

11,8 cm ☐

9,7 cm ☐

3 Vervollständige die Linien zu eigenen Rechtecken und bestimme ihren Umfang.

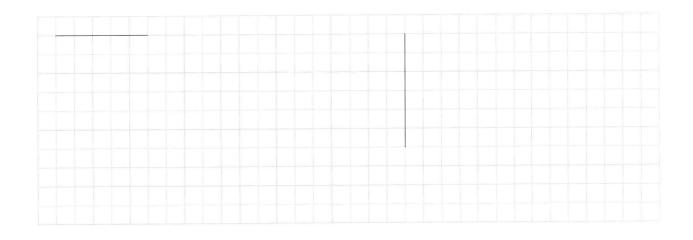

Umfang Rechteck II

1 Notiere eine Formel für die Berechnung des Umfangs eines Quadrats (U_Q) in Abhängigkeit von der Seitenlänge a.

$U_Q =$ _____

a

2 Zeichne die Rechtecke in dein Heft und bestimme den jeweiligen Umfang.

a) a = 14 cm; b = 8 cm   b) a = 123 mm; b = 98 mm   c) a = 20 dm; b = 22,5 dm

3 Berechne den Umfang der folgenden Rechtecke schriftlich auf einem Extrablatt. Finde deine Ergebnisse im unteren Kasten und setze sie zu einem Lösungswort zusammen.

	a)	b)	c)	d)	e)
Länge	8 m	35 cm	42 m	65 cm	17 cm
Breite	5 m	42 cm	27 m	31 cm	22 cm
Umfang					

Lösungswort: __ __ __ __ __
              1 2 3 4 5

> 192 cm = U   144 cm = H   99 m = N   26 m = F
>
> 145 cm = E   64 m = K   78 cm = R   154 cm = I
>
> 138 m = G   40 m = D   246 cm = O

4 Berechne den Umfang der folgenden Quadrate.

	a)	b)	c)	d)	e)
Länge	4 cm	17 dm	81 m	65 cm	105 mm
Umfang					

5 Ein Landwirt möchte seine 182 m lange und 94 m breite Weide neu einzäunen. Wie viele Meter Draht benötigt er?

_____

_____

Umfang Rechteck III

1. Konstruiere die folgende Rechtecke auf ein Extrablatt und berechne ihre Umfänge.
   Was fällt dir auf?

   a) a = 10 cm; b = 6 cm   b) a = 4 cm; b = 12 cm

2. Berechne die fehlenden Größen eines Rechtecks auf einem Extrablatt.

	a)	b)	c)	d)	e)
a	7 m	30 cm			16,2 cm
b	3,5 m		17 dm	32 cm	
U		80 cm	74 dm	159,6 cm	55,4 cm

3. Zeichne drei verschiedene Rechtecke, die alle einen Umfang von 24 cm haben.

4. Zur Einzäunung eines rechteckigen Gartengrundstücks werden 130 m Zaun benötigt.
   Wie breit ist das Grundstück, wenn die Länge 50 m beträgt?

5. Firma „Immobilienschneider" kauft 3 nebeneinander liegende gleichgroße
   quadratische Grundstücke. Ein Quadrat hat den Umfang von 120 m. Die Grundstücke
   werden zusammengelegt und komplett umzäunt. Wie viel Meter Zaun werden
   benötigt?
   Tipp: Fertige eine Skizze an.

Flächeninhalt Rechteck – Einstieg

1. Bestimme den Flächeninhalt des Rechtecks durch Abzählen.

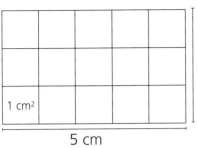

2. Wie lässt sich mit den beiden Längen- und Breitenangaben des Rechtecks der Flächeninhalt noch bestimmen?

3. Erstelle eine Formel für den Flächeninhalt eines Rechtecks (A_R) in Abhängigkeit von der Länge a und der Breite b.

$A_R =$ _____

Flächeninhalt Rechteck I

1 Schneide die unten abgebildeten Quadrate aus und lege sie in die Rechtecke.
Bestimme anschließend den Flächeninhalt.

a)

b)

c)

d)

e)

Flächeninhalt Rechteck II

1 **Berechne den Flächeninhalt der abgebildeten Rechtecke.**

a)

3 cm

7 cm

c)

120 mm

52 mm

b)

14 dm

20 dm

2 **Notiere eine Formel für die Berechnung des Flächeninhaltes eines Quadrats (A_Q) in Abhängigkeit von der Seitenlänge a.**

a

$A_Q =$ _____

3 **Was passiert mit dem Flächeninhalt eines Quadrats, wenn sich die Seitenlänge a verdoppelt? Kreuze an.**

☐ Der Flächeninhalt vervierfacht sich.

☐ Der Flächeninhalt verdoppelt sich.

☐ Der Flächeninhalt ändert sich nicht.

4 **Zeichne die Rechtecke in ein Koordinatensystem und bestimme deren Flächeninhalt.**

a) A(2/0); B(5/0); C(5/4); D(2/4)   b) A(3/1); B(4/1); C(4/7); D(3/7)

5 **Kreuze die richtigen Aussagen an.**

Der Flächeninhalt eines Rechtecks berechnet sich …

a) aus der Summe der beiden Seitenlängen.   ☐

b) aus dem Produkt der beiden Seitenlängen.   ☐

c) weder aus der Summe noch aus dem Produkt der beiden Seitenlängen.   ☐

Flächeninhalt Rechteck III

1 Was passiert mit dem Flächeninhalt eines Rechtecks, wenn eine Seitenlänge verdoppelt wird?

Kreuze die richtige Aussage an.

a) Der Flächeninhalt bleibt gleich. ☐

b) Der Flächeninhalt verdoppelt sich. ☐

c) Der Flächeninhalt verdreifacht sich. ☐

2 Berechne die fehlenden Größen eines Rechtecks auf einem Extrablatt.

	a)	b)	c)	d)	e)
a	40 dm	5,5 cm			75 cm
b	30 dm		29,9 cm	1,6 m	
A		96,25 cm²	274,85 cm²	19,2 m²	8400 cm²

3 Bestimme die gesuchte Größe.

a) $a = 7$ cm; $A_R = 21$ cm²; gesucht: b   b) $b = 44$ cm; $A_R = 1012$ cm²; gesucht: a

4 Ein rechteckiger Kellerraum ($a = 6$ m; $b = 4$ m) soll gefliest werden. Wie viel muss für die Fliesen bezahlt werden, wenn 1 m² 14 € kostet?

5 Darias Mutter möchte die 20 m lange und 16 m breite Rasenfläche neu anlegen. Für 1 m² Rasen benötigt sie dafür 50 g Samen. 1 kg Samen kosten 8,6 €.

Wie viel muss Darias Mutter für den Samen ausgeben?

Quader – Einstieg

1 **Beschrifte.**

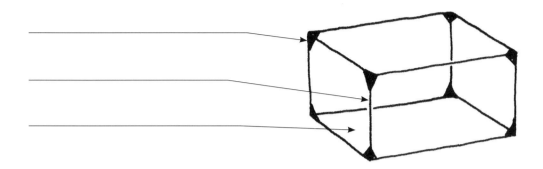

2 **Vervollständige den Steckbrief des Quaders.**

Name der Grundfläche: _____

Anzahl Ecken: _____

Anzahl Kanten: _____

Anzahl Flächen: _____

3 **Der Quader ist 8 cm lang, 5 cm breit und 3 cm hoch. Wie viel cm Draht werden zur Herstellung des Modells benötigt?**

_____

_____

_____

_____

_____

Quader I

1 Mit welchen Netzen kann man einen Quader bauen? Kreuze an.

a)

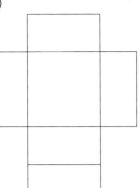

☐

b)

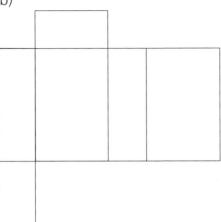

☐

c)

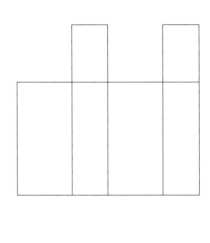

☐

d)

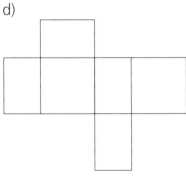

☐

e)

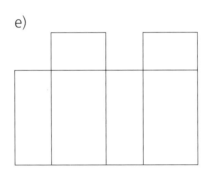

☐

f)

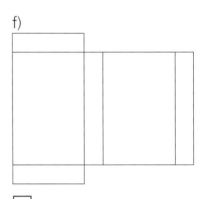

☐

2 Male die gegenüberliegenden Seiten des Quaders mit verschiedenen Farben an.

a)

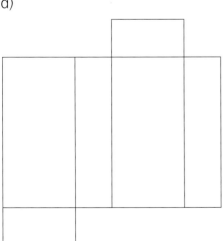

b)

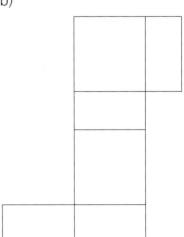

Quader II

1 Zeichne ein Schrägbild eines Quaders mit den Seitenlängen:
a = 8 cm; b = 2 cm und c = 4 cm.

2 Berechne die benötigte Drahtlänge für das Kantenmodell eines Quaders auf einem Extrablatt.

Kreise die richtigen Lösungen ein.

a) a = 7 cm; b = 4 cm; c = 2 cm   b) a = 34 cm; b = 41 cm; c = 20 cm

c) a = 19 dm; b = 17 dm; c = 18 dm   d) a = 24 cm; b = 33 cm; c = 15 cm

e) a = 5 m; b = 2 m; h = 4 m   f) a = 11 dm; b = 4 dm; h = 6 dm

487 m	52 cm	480 cm	380 cm
185 cm	44 m	754 dm
216 dm	288 cm	71 m	84 dm	123 cm

3 Vervollständige die Tabelle.

	Anzahl Ecken	Anzahl Kanten	Anzahl Flächen
Quader			

Quader III

1 Zeichne zwei verschiedene Netze eines Quaders.

a)

b)

2 Berechne die fehlenden Größen eines Quaders auf einem Extrablatt.

	a)	b)	c)	d)	e)
a	14 cm	7,5 m	74 cm	22 dm	
b	5 cm		36 cm	11 dm	32,4 m
c	8 cm	3 m		33 dm	28 m
Gesamt-länge aller Kanten		52 m	796 cm		408,4 m

3 Wie muss die Spinne krabbeln, um möglichst schnell bei der Fliege zu sein? Zeichne eine verkleinerte Abwicklung des Schuhkartons und markiere den kürzesten Weg.

Tipp: Zeichne zuerst ein Netz des Schuhkartons. Die Seitenlängen darfst du festlegen.

Achsensymmetrie – Einstieg

1. Spiegle die dargestellte Figur an der Symmetrieachse und beschrifte
   die Spiegelpunkte mit A', B', C', D', E' und F'.

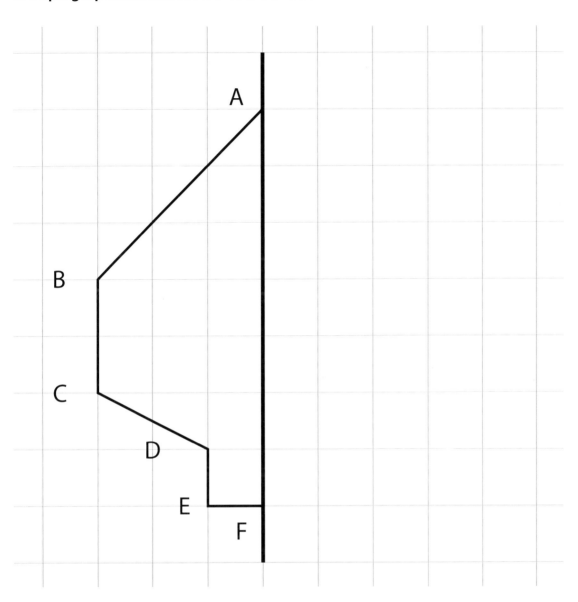

Achsensymmetrie I

1 **Spiegle die Figuren an der Spiegelachse und benenne die Spiegelpunkte.**

a)

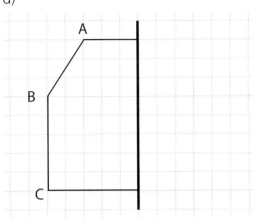

b)

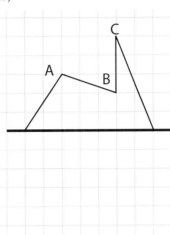

c)

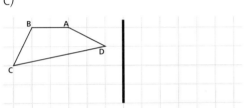

d)

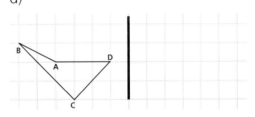

2 **Nenne 5 Beispiele aus deiner Umwelt, in denen achsensymmetrische Figuren vorkommen.**

_____

_____

3 **Zeichne bei diesen Figuren alle möglichen Symmetrieachsen ein.**

a)

b)

c)

d)

e)

f)

g)

h)

Achsensymmetrie II

1. **Trage die Punkte in ein Koordinatensystem ein und verbinde diese zu einem Dreieck. Spiegle dieses an der angegebenen Strecke.**

   a) A(2/1); B(4/1); C(3/4); die Spiegelgerade hat folgende Endpunkte: S_1(0/1); S_2(5/1)

   b) A(3/5); B(1/3); C(2/1); die Spiegelgerade hat folgende Endpunkte: S_1(2/0); S_2(2/6)

   c) A(1/2); B(4/4); C(1/4); die Spiegelgerade hat folgende Endpunkte: S_1(1/2); S_2(4/4)

2. **Übertrage die Figuren in dein Heft und führe eine Spiegelung durch.**

   a)   b)   c)

   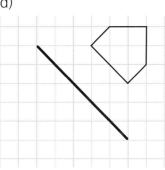   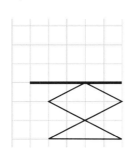   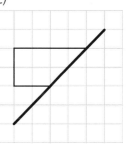

3. **Wie heißen die Wörter in normaler Darstellungsweise? Lege einen Spiegel richtig an.**

   a)
   MULTIPLIKATION

   b)
   ACHSENSPIEGELUNG

   c)
   MATHEMATIK

   d)
   AUTOMOBIL

4. **Schreibe selbst zwei Wörter in spiegelverkehrter Schreibweise.**

   1. _____

   2. _____

Bernard Ksiazek/Marco Bettner/Erik Dinges: Last Minute: Mathematik 5. Klasse
© Persen Verlag

Achsensymmetrie III

1 Spiegle die Figur an der Spiegelachse.

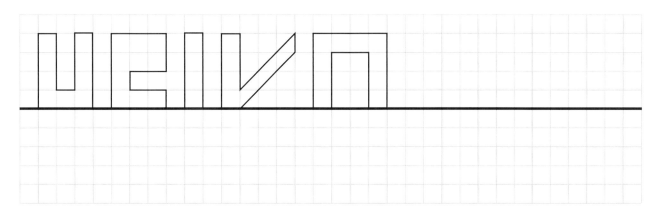

2 Übertrage die Figur in dein Heft und führe eine Spiegelung an der Geraden g durch.

a)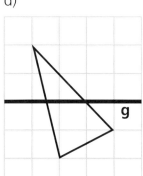

b)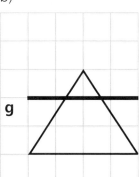

c)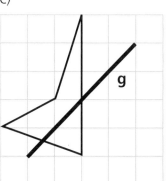

3 Tim hat zwei Figuren gespiegelt, jedoch einige Fehler eingebaut.
Hilf ihm, seine Fehler zu verbessern.

a)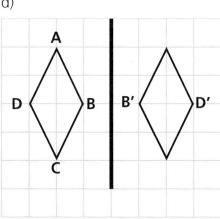

b)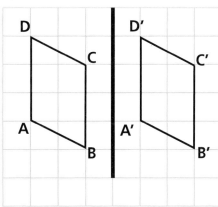

Punktsymmetrie – Einstieg

1 Welche der folgenden Buchstaben sind punktsymmetrisch? Kreise sie ein.

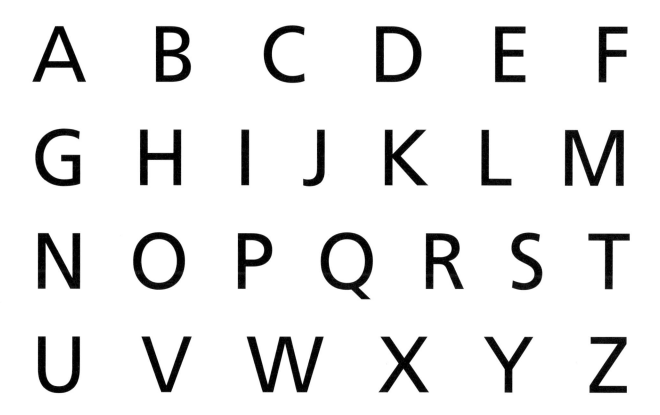

A B C D E F
G H I J K L M
N O P Q R S T
U V W X Y Z

2 Welche Zahlen sind punktsymmetrisch? Schreibe sie auf.

_____

3 Zeichne eine punktsymmetrische Figur.

Punktsymmetrie I

1 Kreise die punktsymmetrischen Figuren ein.

a)

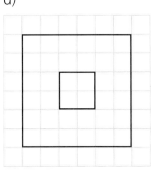

b)

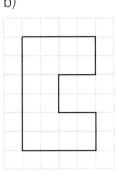

c)

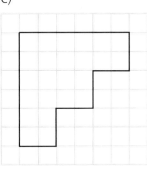

d)

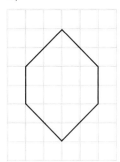

e)

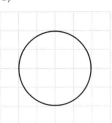

f)

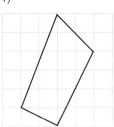

g)

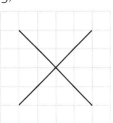

h)

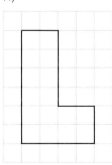

2 Kreise die punktsymmetrischen Wörter ein.

a) MAMA   b) EHE   c) UHU   d) SOS

3 Male die Figur so an, dass sie punktsymmetrisch ist.

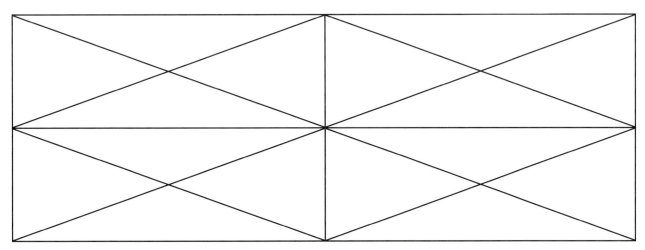

Punktsymmetrie II

1 Erkläre, was Punktsymmetrie bedeutet.

_____

_____

_____

2 a) Zeichne, wenn möglich, das Symmetriezentrum ein.

1.

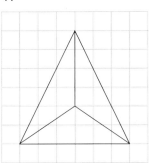

2.

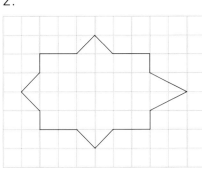

3.

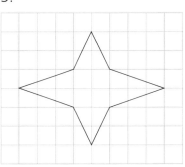

b) Markiere, falls nötig die Stellen farbig, warum eine Punktsymmetrie nicht möglich ist.

3 Ergänze die folgenden Figuren zu punktsymmetrischen Figuren.

a)

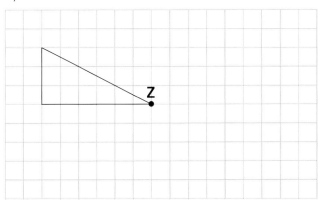

b)

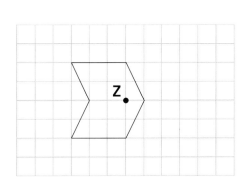

Punktsymmetrie III

1. Ermittle das Symmetriezentrum zeichnerisch.

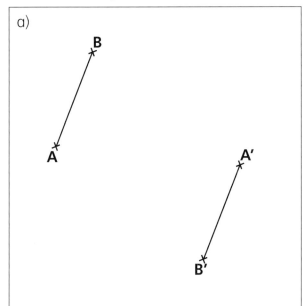

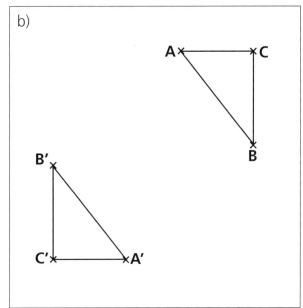

2. Notiere zwei punktsymmetrische Wörter.

1. _____   2. _____

3. a) Zeichne in das Koordinaten-
      system das Viereck ABCD
      mit den Eckpunkten
      A(1|–1), B(4|2), C(2|3), D–1|0).

   b) Führe eine Punktspiegelung am
      Punkt Z (0|0) durch.

   c) Gib die neuen Koordinaten-
      punkte der Bildpunkte an.

   A'(_____|_____)

   B'(_____|_____)

   C'(_____|_____)

   D'(_____|_____)

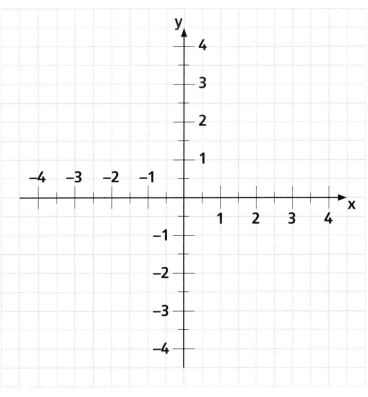

Figuren verschieben – Einstieg

1 **Verschiebe die Figur. Beachte den Verschiebepfeil.**

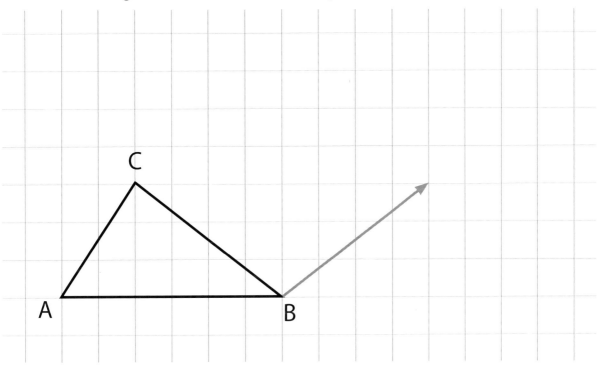

Merke:

Das Dreieck A'B'C' (Bilddreieck) entsteht durch Parallelverschiebung des Dreiecks ABC (Ursprungsdreieck). Die Richtung und die Weite der Verschiebung gibt der Verschiebepfeil an.

Im oberen Beispiel wird jeder Eckpunkt A, B, C um 4 Einheiten nach rechts und 3 Einheiten nach oben verschoben.

Figuren verschieben I

1　Verschiebe die Buchstaben mehrmals um sechs Kästchen nach rechts.

a)

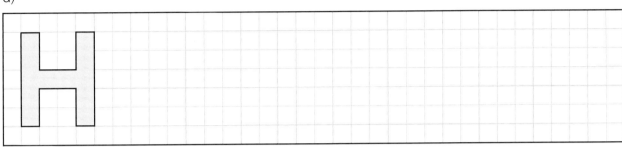

b)

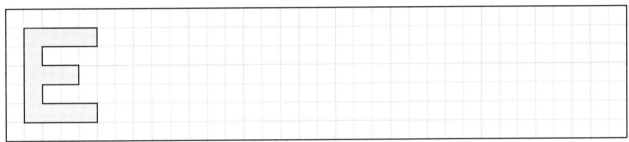

2　Trage in die nebenstehenden Zeichnungen die Verschiebepfeile ein.
　Beschrifte die abgebildeten Punkte.

a)

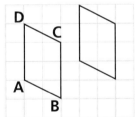

b)

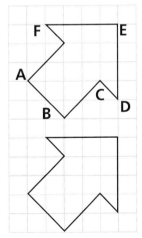

Figuren verschieben II

1 Verschiebe die Figuren. Beachte den jeweiligen Verschiebepfeil.

a)

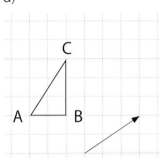

b)

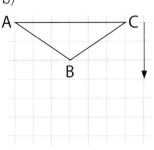

c)

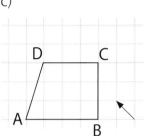

2 Zeichne die Figuren in ein Koordinatensystem. Verschiebe die Punke um 3 Einheiten nach rechts und eine Einheit nach oben. Zeichne die Bildfigur.

a) A(2/3), B(4/3), C(3/4)   b) A(0/0), B(5/1), C(2/6)   c) C(0/5), B(4/3), A(1/1)

3 Zeichne den Verschiebepfeil ein.

a)

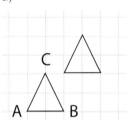

b)

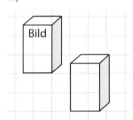

c)

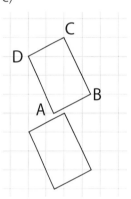

4 Das Bilddreieck ist um die angegebene Verschiebung aus dem Ursprungsdreieck entstanden. Gib die fehlenden Koordinaten an.

a)

Ursprungsdreieck	Verschiebung	Bilddreieck
A(0/0)		A(2/1)
B(4/0)	2 Einheiten nach rechts und 1 Einheit nach oben	B(____/____)
C(3/2)		C(____/____)

b)

Ursprungsdreieck	Verschiebung	Bilddreieck
A(1/6)		A(____/____)
B(3/7)	3 Einheiten nach rechts und 3 Einheit nach unten	B(____/____)
C(2/8)		C(____/____)

Figuren verschieben III

1. Die Dreiecke ABC sollen durch Verschiebungen auf das Dreieck A'B'C' abgebildet werden. Übertrage die Punkte in ein Koordinatensystem auf einem Extrablatt und gib die fehlenden Koordinaten an.

a)

Original	Abbildung
A(7/2)	
B(13/1)	B'(12|4)
C(11/3)	

b)

Original	Abbildung
A(1/1)	
B(5/2)	B'(5|6)
C(2/3)	

c)

Original	Abbildung
A(8/6)	A'(9|10)
	B'(12|9)
	C'(11/12)

2. **Kreuze die richtigen Aussagen an.**

   a) Die Richtung und die Länge der Verschiebung werden nicht durch den Verschiebepfeil angeben. ☐

   b) Die Richtung und die Länge der Verschiebung werden durch den Verschiebepfeil angeben. ☐

   c) Eine Verschiebung entlang eines Pfeils führen immer zur gleichen Bildfigur. ☐

   d) Wenn ein Ausgangspunkt mit dem dazugehörigen durch Verschiebung entstandenen Bildpunkt verbunden wird, so ist diese Gerade parallel zum Verschiebepfeil. ☐

3. **Zeichne ein Dreieck ABC und verschiebe es so, dass der Punkt A auf A'(8/3) abgebildet wird.**

   Verwende ein Extrablatt.

   a) A(4\|2), B(6/4), C(3\|11)   b) A(7\|9), B(12\|8), C(10\|11)

4. **Das Dreieck ABC mit A(2/2), B(8/4) und C(3/6) hat als Bildfigur das Dreieck A'B'C' mit A'(7/8), B'(13/10) und C'(8/12). Handelt es sich um eine Spiegelung oder eine Verschiebung? Überprüfe durch Zeichnung.**

Lösungen

Große Zahlen lesen und schreiben – Einstieg

Wie heißt die jeweils dargestellte Zahl in der Stellenwerttafel?

Milliarden			Millionen			Tausender						Zahl
HMrd.	ZMrd.	Mrd.	HM	ZM	M	HT	ZT	T	H	Z	E	
					3	4	8	7	5			3 487 500
			1	4	8	0	9	6	2	2	1	148 096 221
	5	0	0	7	0	5	8	8	6	4	3	50 070 588 643
7	8	2	4	5	3	9	9					782 453 990 000

Große Zahlen lesen und schreiben I

1 Zerlege die Zahlen.

a) 145 = $\underline{100}$ + $\underline{40}$ + $\underline{5}$

b) 8791 = $\underline{8000}$ + $\underline{700}$ + $\underline{90}$ + $\underline{1}$

c) 3964 = $\underline{3000}$ + $\underline{900}$ + $\underline{60}$ + $\underline{4}$

d) 22756 = $\underline{20000}$ + $\underline{2000}$ + $\underline{700}$ + $\underline{50}$ + $\underline{6}$

2 Notiere die Zahl. Trage sie anschließend in die Stellenwerttafel ein.

a) 7000 + 500 + 40 + 1 = $\underline{7541}$

T	H	Z	E
7	5	4	1

b) 9000 + 100 + 60 + 7 = $\underline{9167}$

T	H	Z	E
9	1	6	7

c) 10000 + 8000 + 300 + 40 + 2 = $\underline{18342}$

ZT	T	H	Z	E
1	8	3	4	2

3 Verbinde die Zahl mit der richtigen Schreibweise.

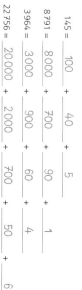

45 711 — neunundachtzigtausendsiebenhundertvierzig

98 704 — fünfundvierzigtausendsiebenhundertelf

89 740 — dreitausendsiebenhundertvierundneunzig

3 794 — achtundneunzigtausendsiebenhundertvier

Lösungen

Große Zahlen lesen und schreiben II

1 Schreibe die Zahl in die Stellenwerttafel.

Millionen			Tausender						Zahl
HM	ZM	M	HT	ZT	T	H	Z	E	
						2	1	5	88 102 455
				7	6	7	1	1 9 7	7 671 197
		8	4	6	0	2	2		846 022
		2	5	0	6	2	1		250 621
8	8	1	0	2	4	5	5		

2 Notiere die jeweilige Zahl in Worten.

a) 247 074: zweihundertsiebenundvierzig ... tausendvierundsiebzig

b) 810 693: achthundertzehntausendsechshundertdreiundneunzig

c) 6 445 176: sechs Millionen
vierhundertfünfundvierzigtausendeinhundertsechsundsiebzig

3 Notiere in Ziffern.

a) fünfhundertsiebenundvierzigtausendeinhunderteinundzwanzig:

5	4	7	1	2	1

b) siebenundsechzigtausendvierhundertundeins:

6	7	4	0	1

c) zwei Millionen sechshundertdreitausendeinhundertachtzehn:

2	6	0	3	1	8

4 **In Asien wohnen ca. vier Milliarden Menschen.**
Wie viel Millionen Menschen sind das?

Es sind 4 000 Millionen Menschen.

Große Zahlen lesen und schreiben III

1 Schreibe die Zahl in die Stellenwerttafel.

Milliarden			Millionen			Tausender						Zahl
HMrd.	ZMrd.	Mrd.	HM	ZM	M	HT	ZT	T	H	Z	E	
					4	5	0	6	2	3		450 623
						9	8	7	0	2	5	987 025
				1	4	5	7	8	4	2	1	14 578 421
5	2	3	9	6	1	7	4	5	0	8		52 396 174 508

2 **In Deutschland leben einundachtzig Millionen
siebenhundertsiebzigtausendneunhundertvierundvierzig Menschen.
Frankreich besitzt sechsundsechzig Millionen
dreihundertsiebzehntausendneunhundertvierundneunzig Einwohner.**

a) Notiere die Einwohnerzahl von Deutschland in Ziffern.

81 770 944

b) Berechne schriftlich die Differenz der Einwohner beider Länder.

81 770 944 − 66 317 994 = 15 452 950

3 Wandle die römische Zahlen um. Notiere sie anschließend in Worten.

a) MMMMMCDXVII = 5417
in Worten: fünftausendvierhundertsiebzehn

b) MMMDCCLXXXI = 3781
In Worten: dreitausendsiebenhunderteinundachtzig

4 **Wie alt ist ein Mensch, der drei Millionen Sekunden alt ist? Berechne in Stunden.**

Er ist 833,33 Stunden alt.

Marco Bettner/Erik Dinges/Bernard Ksiazek: Last Minute Mathematik 5. Klasse
© Persen Verlag

Lösungen

Schriftliche Addition – Einstieg

1 Addiere schriftlich: **34.574 + 8.547.**

a) Schreibe zunächst die Ziffern an die richtige Stelle.

ZT	T	H	Z	E
3	4	5	7	4
+	8	5	4	7
4	3	1	2	1

b) Berechne.

2 Nenne alle wichtigen Punkte, die bei der schriftlichen Addition beachtet werden sollten.

Die Zahlen müssen richtig untereinander geschrieben werden.

Die Ziffern müssen von rechts beginnend entsprechend ergänzt bzw. subtrahiert werden.

Der Übertrag muss richtig notiert und mitberechnet werden.

Schriftliche Addition I

1 Schreibe zunächst die Ziffern an die richtige Stelle in der Tabelle. Berechne anschließend das Ergebnis.

a) 5541 + 396

T	H	Z	E
5	5	4	1
+	3	9	6
5	9	3	7

b) 7847 + 1935

T	H	Z	E
7	8	4	7
+	1	9	3	5
9	7	8	2

c) 6099 + 1816

T	H	Z	E
6	0	9	9
+	1	8	1	6
7	9	1	5

d) 4005 + 3405

T	H	Z	E
4	0	0	5
+	3	4	0	5
7	4	1	0

2 Berechne die Aufgaben schriftlich auf einem Extrablatt.

a) 417 + 789 = 1206
b) 6194 + 2148 = 8342
c) 3654 + 3875 = 7529
d) 2750 + 2297 = 5047
e) 5123 + 4180 = 9303
f) 796 + 7941 = 8737
g) 2358 + 746 = 3104
h) 1214 + 4751 = 5965
i) 45174 + 2451 = 47625
k) 21041 + 6471 = 27512
l) 68410 + 17669 = 86079
m) 34008 + 9987 = 43995

Lösungen

Schriftliche Addition II

1 Berechne.

a)
```
  2 4 5 8 1
+ 1 2 0 5 7
      (1)
  3 6 6 3 8
```

b)
```
  4 9 0 0 5
+ 3 0 8 1 6
      (1)
  7 9 8 2 1
```

c)
```
  5 6 4 4 3
+ 5 8 9 7 5
   (1 1 1)
1 1 5 4 1 8
```

2 Berechne die Aufgaben schriftlich auf einem Extrablatt.

a) 685 741 + 124 587   b) 5 687 + 98 745 + 69 007   c) 547 854 + 369 458 + 523 657

3 Berechne die leeren Pyramidenfelder und notiere die Lösungen.

a)
29150		
11525	17625	
5478	6047	11578

b)
39757			
13069	26688		
1726	11343	15345	
257	1469	9874	5471

4 Berechne die Zahlen für die grauen Felder.

a)
```
  1 3 5 7 0
+ 2 2 8 1 0
  3 6 3 8 0
```

b)
```
  1 5 6 3 2
      2 6 6 4
+ 4 0 8 5
      (1 1 1)
  2 2 3 8 1
```

5 Wie viele Besucher waren im Jahr 2007 im Märchenland in Merkenfritz?

Jahreszeit	Frühjahr	Sommer	Herbst	Winter
Anzahl Besucher	14 587	29 830	8 513	2 379

Es waren 55 309 Besucher im Märchenland.

Schriftliche Addition III

1 Berechne die Aufgaben schriftlich auf einem Extrablatt.

a) 75 274 + 2 687 + 145 = 78 106
b) 558 174 + 17 885 + 4 455 = 580 514
c) 241 104 + 134 908 = 376 012
d) 78 412 + 2 175 + 11 997 + 184 = 92 768

2 Berechne die leeren Pyramidenfelder und notiere die Lösungen.

a)
30727			
15617	15110		
6393	9224	5886	
879	5514	3710	2176

b)
21022			
9215	11807		
4731	4484	7323	
952	3779	705	6618

3 Vervollständige die Zauberwürfel. Jede Spalte, Zeile und Diagonale ergibt dieselbe Summe.

a)
12	14	4
2	10	18
16	6	8

8	9	4
3	7	11
10	5	6

b)
16	5	9	4
2	11	7	14
3	10	6	15
13	8	12	1

4 Berechne die Zahlen für die grauen Felder.

a)
```
  6 3 2 5 5
+ 1 3 9 7 6
+ 1 4 1 0
  8 8 6 4 1
```

b)
```
  4 3 1 2
+ 2 0 5 6 9
  ...
```

5 Berechne die jeweiligen Lösungen auf einem Extrablatt.

a) Berechne die Summe aus 2 554, 3 519, 8 466 und 9 166. 2 554 + 3 519 + 8 466 + 9 166 = 23 705
b) Addiere zu der Zahl 716 die Zahl 3 377. 716 + 3 377 = 4 093
c) Wie groß ist die Summe, wenn der 1. Summand 1001, der 2. Summand 8 649 ist? 1001 + 8 649 = 9 650

Schriftliche Subtraktion – Einstieg

1 a) Subtrahiere schriftlich: 83 475 – 43 524
Schreibe zunächst die Ziffern an die richtige Stelle.

	ZT	T	H	Z	E
	8	3	4	7	5
–	4	3	5	2	4
	3	9	9	5	1

b) Berechne.

2 Nenne alle wichtigen Punkte, die bei der schriftlichen Subtraktion beachtet werden sollten.

Die Zahlen müssen richtig untereinander geschrieben werden.

Die Ziffern müssen von rechts beginnend entsprechend ergänzt bzw. subtrahiert werden.

Der Übertrag muss richtig notiert und mitberechnet werden.

Marco Bettner/Erik Dinges/Bernard Ksiazek: Last Minute Mathematik 5. Klasse
© Persen Verlag

Schriftliche Subtraktion I

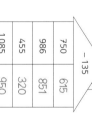

1 Berechne die Aufgaben im Kopf.

– 135
750	615
986	851
455	320
1085	950

– 450
1555	1105
3100	2605
948	498
2075	1625

– 222
888	666
2468	2246
5680	5458
3648	3426

2 Berechne die Aufgaben schriftlich auf einem Extrablatt. Finde deine Ergebnisse im unteren Kasten und setze sie zu einem Lösungswort zusammen.

a) 699 – 512 = 187
b) 12750 – 8291 = 4459
c) 6945 – 4655 = 2290
d) 8471 – 692 = 7779
e) 10471 – 5510 = 4961
f) 6320 – 1238 = 5082
g) 9977 – 8791 = 1186
h) 131465 – 81520 = 49945
l) 4761 – 2046 = 2715

Lösungswort: D I F F E R E N Z
1 2 3 4 5 6 7 8 9

2299 = F   49945 = N   197 = T   7779 = F   5082 = R
1186 = E   2199 = S   2715 = Z   4459 = I   3748 = O
            7910 = A   4961 = E   187 = D

Marco Bettner/Erik Dinges/Bernard Ksiazek: Last Minute Mathematik 5. Klasse
© Persen Verlag

Lösungen

Marco Bettner/Erik Dinges/Bernard Ksiazek, Last Minute: Mathematik 5. Klasse
© Persen Verlag

Schriftliche Subtraktion II

1 Berechne.

a)
```
  9 1 4
- 6 5 2
─────────
  2 6 2
```

b)
```
    5 0 6 3 2
  -   3 8 5 2 4
  ¹   ¹   ¹
  ─────────────
    2 1 0 8
```

c)
```
  9 4 7 2 0 1
- 6 4 4 2 3 7
  ¹   ¹ ¹   ¹
  ─────────────
  3 0 2 9 6 4
```

2 Berechne die Aufgaben schriftlich auf einem Extrablatt.

a) 7894 – 3487
= 4407

b) 25469 – 13987
= 11482

c) 257698 – 124605
= 133093

3 Berechne die leeren Pyramidenfelder und notiere die Lösungen.

a)

587 689	123 698	95 471
463 991	28 227	
435 764		

b)

9 875 205	3 412 789	2 587 698	2 147 369
6 462 416	825 091	440 329	
5 637 325	384 762		
5 252 563			

4 Frau Neumann möchte ein Auto für 23 650 € kaufen. Sie kann ihren alten Wagen für 3 700 € in Zahlung geben. Selbst hat sie noch 18 500 € Bargeld zur Verfügung. Berechne, ob sie sich das Auto leisten kann.

23 650 € – 18 500 € – 3 700 € = 1450 €.

Frau Neumann fehlen noch 1450 € für das Auto.

5 Familie Yılmaz besichtigt zwei Häuser. Das erste Haus kostet 289 622 €, das andere 305 850 €. Berechne die Differenz.

305 850 € – 289 622 € = 16 228 €

Die Differenz beträgt 16 228 €.

11

Marco Bettner/Erik Dinges/Bernard Ksiazek, Last Minute: Mathematik 5. Klasse
© Persen Verlag

Schriftliche Subtraktion III

1 Berechne die Aufgaben schriftlich auf einem Extrablatt.

a) 50 789 – 25 413 – 11 074 = __14 302__

b) 16 891 – 6451 – 3687 = __6753__

c) 742 123 – 340 118 – 287 554 = __114 451__

d) 8 508 145 – 6 447 046 = __2 061 099__

2 Berechne die leeren Pyramidenfelder und notiere die Lösungen.

a)

770 581	132 645	87 446
637 936	45 199	
592 737		

b)

8 534 997	3 435 009	1 594 321	707 453
5 099 988	1 840 688	886 868	
3 259 300	953 820		
2 305 480			

3 Die Differenz zwischen 69 316 und 38 819 ist 30 397.
Überprüfe, ob diese Aussage richtig oder falsch ist. 69 316 – 38 819 = 30 497.
Das Ergebnis 30 397 ist falsch.

4 Berechne die Zahlen für die grauen Felder.

a)
```
  9 0 0 2 5
- 4 7 0 3 6
  ¹   ¹ ¹
  ─────────
  3 3 7 7 9
```

b)
```
  8 3 4 5 5
-   6 7 4
    ¹ ¹
  ─────────
  0 4 9 1 5
```

5 Berechne die jeweiligen Lösungen auf einem Extrablatt.

a) 7951 – 668 = 7283

b) 80 911 – 30 611 = 50 300

c) 11 554 – 4 712 – 1 321 = 5521

12

Lösungen

Schriftliche Multiplikation – Einstieg

1 Multipliziere schriftlich: 532 · 29.

5	3	4	·	2	9
		1	0	6	8
	4	8	8	6	6
1	5	4	8	8	6

2 Kreuze entsprechend an.

Die Teilprodukte müssen subtrahiert werden.
☐ wahr ☒ falsch

Beginne bei den Einern im 2. Faktor!
☒ wahr ☐ falsch

Die Teilprodukte müssen entsprechend der ZT, T, H, Z und E exakt untereinander geschrieben werden.
☒ wahr ☐ falsch

Addiere die Teilprodukte schriftlich.
☒ wahr ☐ falsch

13

Schriftliche Multiplikation I

1 Rechne im Kopf.

a) 5 · 3 = 15 b) 7 · 7 = 49 c) 2 · 8 = 16

d) 6 · 7 = 42 e) 9 · 4 = 36 f) 8 · 6 = 48

g) 7 · 5 = 35 h) 6 · 9 = 54 i) 4 · 4 = 16

2 Berechne schriftlich.

a) 7 3 · 9 = 6 5 7

b) 3 5 6 · 6 = 2 1 3 6

c) 6 5 1 · 4 = 2 6 0 4

d) 3 8 6 7 · 8 = 3 0 9 3 6

3 Berechne durch Multiplizieren.

a) 6 + 6 + 6 + 6 + 6 + 6 + 6 + 6 = 8 · 6 = 48

b) 11 + 11 + 11 + 11 + 11 + 11 = 6 · 11 = 66

c) 8 + 8 + 8 + 8 + 8 + 8 + 8 + 8 + 8 = 9 · 8 = 72

d) 15 + 15 + 15 + 15 + 15 = 5 · 15 = 75

4 Berechne die leeren Pyramidenfelder und notiere die Lösungen.

		2058		
	14		147	
2		7		21
2	1		7	3

14

Lösungen

Schriftliche Multiplikation II

1 Berechne.

a)
4	8	2	·	7	
3	3	7	4		

b)
5	2	2	·	3	8
	4	1	7	6	
1	5	6	6		
1	9	8	3	6	

c)
7	1	0	·	7	4
	2	8	4	0	
4	9	7	0		
5	2	5	4	0	

d)
3	8	8	·	4	8	5
1	4	7	2			
2	9	4	4			
1	8	4	0			
1	7	8	4	8	0	

2 Berechne schriftlich.

a) 61 128　　b) 379 967　　c) 284 382　　d) 165 184
e) 297 408　　f) 2 632 442　　g) 114 900 174　　h) 93 006 254

3 Führe „lediglich" einen angemessenen Überschlag durch.

a) = 560　　b) = 6600　　c) = 600 000　　d) = 7 200 000

4 Kenan hat sich einen Motorroller gekauft. Er muss dafür 9 Monatsraten zu je 189 € zahlen. Wie teuer ist der Motorroller?

Er muss 1701 € bezahlen.

5 Frau Schneider fährt zu ihrem Arbeitsplatz täglich 37 km (einfache Strecke). Wie viele Kilometer fährt Frau Schneider

a) 370 km　　b) 1776 km

6 In einer Schachtel sind 75 Nägel. Wie viele Nägel sind insgesamt im Regal?

a) 450 Nägel

b) 600 Nägel

Schriftliche Multiplikation III

1 Berechne schriftlich.

a)
4	2	4	·	3	1	6
1	2	7	2			
4	2	4				
2	5	3	4	4		
1	3	3	9	8	4	

b)
5	7	1	3	·	4	5	2
2	2	8	5	2	0	0	
1	1	4	2	6			
2	5	8	2	2	7	6	

c)
6	9	2	4	·	5	4	5
3	4	6	2	0	0		
2	7	6	9	6	0		
3	4	6	2	0			
3	7	7	3	5	8	0	

2 Berechne die Aufgaben schriftlich auf einem Extrablatt. Finde deine Ergebnisse im unteren Kasten und setze sie zu einem Lösungswort zusammen.

1) 304 · 209 = 63 536
2) 653 · 536 = 350 008
3) 3417 · 288 = 984 096
4) 466 · 845 = 393 770
5) 9216 · 182 = 1 677 312
6) 6472 · 374 = 2 420 528

Lösungswort: F A K T O R
　　　　　　 1 2 3 4 5 6

2 420 528 = R	487 114 = B	370 008 = S	393 770 = T
63 536 = F	97 440 = E	1 677 312 = O	855 096 = N
1 144 974 = D	5 574 912 = P	350 008 = A	984 096 = K

3 Eine Schule in Hannover hat drei Gebäude mit je drei Stockwerken. In jedem Stockwerk befinden sich 8 Unterrichtsräume mit je 32 Sitzplätzen. Wie viele Sitzplätze gibt es in der Schule? Berechne.

3 · 3 = 9 Stockwerke insgesamt; 9 · 8 = 72 Unterrichtsräume insgesamt; 72 · 32 = 2304 Sitzplätze. Die Schule besitzt insgesamt 2304 Sitzplätze.

4 Frau Wagner fährt jeden Tag 8 km mit dem Fahrrad zur Arbeit und wieder zurück. Wie viele Kilometer fährt sie in einem Monat mit 22 Arbeitstagen?

8 km · 2 = 16 km am Tag; 16 km · 22 = 352 km im Monat.

Frau Wagner fährt pro Monat 352 km zur Arbeit.

Lösungen

Schriftliche Division – Einstieg

1 Divdiere schriftlich: 7 392 : 6.

T	H	Z	E	:	6	=	T	H	Z	E
7	3	9	2	:	6	=	1	2	3	2
6										
1	3									
1	2									
	1	9								
	1	8								
		1	2							
		1	2							
			0							

2 **Kreuze entsprechend an.**

Es muss eine Treppenform entstehen. [X] wahr [ ] falsch

Beginne wie bei der Addition mit den Einern. [ ] wahr [X] falsch

Beginne mit den Tausendern. [X] wahr [ ] falsch

Bei der letzten Rechnung muss immer Null herauskommen, sonst hat man sich verrechnet. [ ] wahr [X] falsch

Marco Bettner/Erik Dinges/Bernard Ksiazek: Last Minute Mathematik 5 Klasse
© Persen Verlag

Schriftliche Division I

1 **Berechne im Kopf die Hälfte von …**

Zahl	Hälfte
24	12
16	8
32	16
86	43
98	49
44	22
22	11
74	37
106	53
284	142

2 **Berechne nach Möglichkeit im Kopf.**

: 5
Zahl	Ergebnis
55	11
120	24
350	70
1000	200

: 6
Zahl	Ergebnis
36	6
96	16
24	4
108	18

: 4
Zahl	Ergebnis
36	9
44	11
176	44
96	24

: 10
Zahl	Ergebnis
100	10
850	85
2500	250
280	28

: 25
Zahl	Ergebnis
175	7
375	15
525	21
600	24

: 3
Zahl	Ergebnis
84	28
36	12
75	25
102	34

3 **Berechne die Aufgaben schriftlich auf einem Extrablatt.**

a) 336 : 8 = 42

b) 1485 : 9 = 165

c) 1680 : 7 = 240

d) 1116 : 4 = 279

e) 780 : 6 = 130

f) 2248 : 8 = 281

g) 775 : 5 = 155

h) 824 : 8 = 103

i) 2535 : 3 = 845

Marco Bettner/Erik Dinges/Bernard Ksiazek: Last Minute Mathematik 5 Klasse
© Persen Verlag

Lösungen

Schriftliche Division II

1 Berechne.

```
5 5 5 : 3 = 1 8 5
3
2 5
2 4
  1 5
  1 5
    0
```

```
6 9 6 : 6 = 1 1 6
6
0 9
0 6
  3 6
  3 6
    0
```

```
2 4 9 9 : 7 = 3 5 7
2 1
3 9
3 5
  4 9
  4 9
    0
```

2 Berechne schriftlich.

a) 325   b) 4 893   c) 3505   d) 377

e) 318   f) 420   g) 1835   h) 46

3 Von einer 312 cm langen Holzlatte sollen 24 gleich große Stücke abgesägt werden.
Wie viele Stücke erhält man?

Man erhält 13 Stück.

4 Korrigiere falsche Rechnungen.

a) 8748 : 27 = 324 ✓   b) 16512 : 86 = ~~190~~ 192   c) 47286 : 111 = ~~425~~ 426

5 In 17 Heimspielen kamen insgesamt 24 684 Zuschauer.
Wie viele Zuschauer kamen im Schnitt pro Spiel?

Im Schnitt kamen pro Heimspiel 1 452 Zuschauer.

6 Wie viele Minuten hat Bernd im Schnitt pro Tag am Fernseher gesessen?

Bernd hat im Schnitt pro Tag 120 min. vor dem Fernseher gesessen.

Fernsehverhalten von Bernd

Zeit in min.

160 · 140 · 120 · 100 · 80

Mo · Di · Mi · Do · Fr · Sa · So

Tag

Schriftliche Division III

1 Berechne die leeren Pyramidenfelder und notiere die Lösungen.

a)
```
      17280
   72      240
 6   12    20
2  3   4   5
```
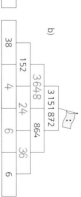

b)
```
       3151872
   3648      864
 152    24    36
38  4   6   6
```
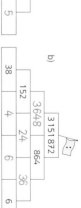

2 Berechne die Aufgaben schriftlich auf einem Extrablatt.
Vervollständige die Tabelle.

Dividend	Divisor	Quotient
77 380	212	365
15 308	172	89
233070	914	255
27810	45	618
50 292	254	198
93 750	750	125

3 Wähle passende Beispiele und berechne.

Wie verändert sich ein Quotient, wenn man

a) den Dividenden halbiert?

b) den Divisor verdoppelt?

c) den Dividenden und den Divisor halbiert?

a) Der Quotient halbiert sich.

b) Der Quotient halbiert sich

c) Der Quotient wird vier Mal kleiner.

Lösungen

Rechteck – Einstieg

1 Zeichne ein Rechteck mit a = 8 cm und b = 5 cm.

2 **Notiere alle Eigenschaften eines Rechtecks.**

Gegenüberliegende Seiten sind gleich lang.

Alle 4 Winkel sind 90° groß bzw. sind rechte Winkel.

Marco Bettner/Erik Dinges/Bernard Ksiazek: Last Minute: Mathematik 5. Klasse
© Persen Verlag

21

Rechteck I

1 **Ergänze zu einem Rechteck. Notiere alle fehlenden Bezeichnungen des Rechtecks (Eckpunkte, Seiten, Winkel).**

2 **Zeichne folgende Rechtecke in dein Heft.**

Alle Rechtecke besitzen diese Grundform. Messe die Seitenlänge selbstständig nach.

3 **Spanne auf dem Geobrett vier verschiedene Rechtecke.**

Zeichne anschließend deine Lösungen ein.

4 **Nenne Beispiele, wo du rechteckige Formen im Alltag finden kannst.**

Fußboden eines Zimmers, Blatt Papier, Schneidebrett, Oberfläche eines Tisches, Buch, CD-Hülle, Wand u. s. w.

Marco Bettner/Erik Dinges/Bernard Ksiazek: Last Minute: Mathematik 5. Klasse
© Persen Verlag

22

Lösungen

Rechteck II

1 Übertrage die folgenden Punkte in ein Koordinatensystem und verbinde sie.
Wobei handelt es sich um ein Rechteck?

a) A (2|1), B (9|1), C (9|5), D (2|5)
b) A (–2|0,5), B (–0,5|1,5), C (–1|6), D (–2|6)
c) A (3|3), B (5,5|3), C (5,5|8), D (3|8)

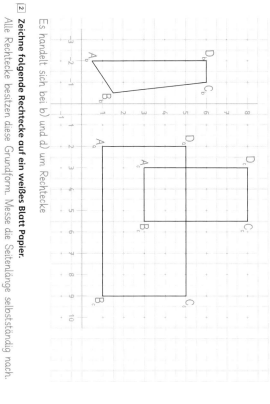

Es handelt sich bei b) und d) um Rechtecke

2 Zeichne folgende Rechtecke auf ein weißes Blatt Papier.
Alle Rechtecke besitzen diese Grundform. Messe die Seitenlänge selbstständig nach.

3 Erkläre, welche der nachfolgenden Figuren Quadrate oder Rechtecke sind.
Es handelt sich bei b) und d) um Rechtecke, weil diese Figuren vier Seiten
und vier rechte Winkel besitzen. Figur b) ist sogar ein Quadrat, weil diese
Figur vier gleich lange Seiten und vier rechte Winkel besitzt.

Marco Bettner/Erik Dinges/Bernard Ksiazek: Last Minute: Mathematik 5. Klasse
© Persen Verlag

Rechteck III

1 Konstruiere folgende Rechtecke in deinem Heft:

a) a = 7 cm; b = 3 cm   b) a = 5 cm; b = 3,5 cm   c) a = 12 cm; b = 6 cm

2 Konstruiere die abgebildeten Rechtecke im Maßstab 1:1 in dein Heft.

3 Konstruiere die folgenden Quadrate in deinem Heft:
Alle Quadrate besitzen die gleiche Grundform. Miss die Seitenlänge selbstständig nach.

4 Notiere alle Eigenschaften eines Quadrats.
– Besitzt 4 rechte Winkel
– Alle 4 Seiten sind gleich groß

5 Kreuze die richtige(n) Aussage(n) an.

a) Bei einem Rechteck sind gegenüberliegende Seiten gleich lang. ☒
b) Bei einem Rechteck sind die benachbarten Seiten gleich lang. ☒
c) Bei einem Rechteck können unterschiedliche Winkelmaße an den Eckpunkten auftreten. ☐
d) Bei einem Rechteck sind alle vier Winkel 90° groß. ☐
e) Jedes Quadrat ist auch ein Rechteck. ☒

Marco Bettner/Erik Dinges/Bernard Ksiazek: Last Minute: Mathematik 5. Klasse
© Persen Verlag

Lösungen

Umfang Rechteck – Einstieg

1 Das dargestellte rechteckige Grundstück soll komplett umzäunt werden. Wie viele Meter Zaun werden benötigt?

30 m

10 m

Rechnung:

$2 \cdot 30$ m $+ 2 \cdot 10$ m $= 60$ m $+ 20$ m $= 80$ m

Es werden 80 m Zaun benötigt.

2 Notiere eine allgemeine Formel zur Umfangsberechnung des Rechtecks (U_R) in Abhängigkeit der Länge a und der Breite b.

a

b

$U_R = 2 \cdot a + 2 \cdot b$

Umfang Rechteck I

1 Bestimme den Umfang der abgebildeten Rechtecke.

a)

$U_R = \underline{19\ cm}$

b)

$U_R = \underline{12{,}4}\ cm$

c)

$U_R = \underline{17{,}2}\ cm$

2 Schätze die Umfänge der abgebildeten Rechtecke. Kreuze an.

a)

12,5 cm ☐

16 cm ☐

14,2 cm ☒

b)

13,2 cm ☒

11,8 cm ☐

9,7 cm ☐

3 Vervollständige die Linien zu eigenen Rechtecken und bestimme ihren Umfang.

Verschiedene Lösungsmöglichkeiten denkbar, z. B.:

Lösungen

Umfang Rechteck II

1 Notiere eine Formel für die Berechnung des Umfangs eines Quadrats (U_Q) in Abhängigkeit von der Seitenlänge a.

$$U_Q = 4 \cdot a$$

2 Zeichne die Rechtecke in dein Heft und bestimme den jeweiligen Umfang.

a) a = 14 cm; b = 8 cm   b) a = 123 mm; b = 98 mm   c) a = 20 dm; b = 22,5 dm
44 cm   442 mm   85 dm

a

3 Berechne den Umfang der folgenden Rechtecke schriftlich auf einem Extrablatt. Finde deine Ergebnisse im unteren Kasten und setze sie zu einem Lösungswort zusammen.

	a)	b)	c)	d)	e)
Länge	8 m	35 cm	42 m	65 cm	17 cm
Breite	5 m	42 cm	27 m	31 cm	22 cm
Umfang	26 m	154 cm	138 m	192 cm	78 cm

Lösungswort: $\underset{1}{F}$ $\underset{2}{I}$ $\underset{3}{G}$ $\underset{4}{U}$ $\underset{5}{R}$

192 cm = U   144 cm = H   99 m = N   26 m = F

145 cm = E   64 m = K   78 cm = R   154 cm = I

138 m = G   40 m = D   246 cm = O

4 Berechne den Umfang der folgenden Quadrate.

	a)	b)	c)	d)	e)
Länge	4 cm	17 dm	81 m	65 cm	105 mm
Umfang	16 cm	68 dm	324 m	260 cm	420 mm

5 Ein Landwirt möchte seine 182 m lange und 94 m breite Weide neu einzäunen. Wie viele Meter Draht benötigt er?

$U_R = 182\ m + 94\ m + 182\ m + 94\ m = 552\ m$

Der Landwirt benötigt 552 m Draht.

Marco Bettner/Erik Dinges/Bernard Ksiazek: Last Minute: Mathematik 5. Klasse
© Persen Verlag

27

Umfang Rechteck III

1 Konstruiere die folgende Rechtecke auf ein Extrablatt und berechne ihre Umfänge. Was fällt dir auf?

a) a = 10 cm; b = 6 cm   b) a = 4 cm; b = 12 cm
Es fällt auf, dass beide Rechtecke denselben Umfang haben.

2 Berechne die fehlenden Größen eines Rechtecks auf einem Extrablatt.

	a)	b)	c)	d)	e)
a	7 m	30 cm	20 dm	47,8 cm	16,2 cm
b	3,5 m	10 cm	17 dm	32 cm	11,5 cm
U	21 m	80 cm	74 dm	159,6 cm	55,4 cm

3 Zeichne drei verschiedene Rechtecke, die alle einen Umfang von 24 cm haben.

Verschiedene, individuelle Lösungen möglich.

4 Zur Einzäunung eines rechteckigen Gartengrundstücks werden 130 m Zaun benötigt. Wie breit ist das Grundstück, wenn die Länge 50 m beträgt?

Das Grundstück ist 15 m breit.

5 Firma „Immobilienschneider" kauft 3 nebeneinander liegende gleichgroße quadratische Grundstücke. Ein Quadrat hat den Umfang von 120 m. Die Grundstücke werden zusammengelegt und komplett umzäunt. Wie viel Meter Zaun werden benötigt?
Tipp: Fertige eine Skizze an.

Es werden 240 m Zaun benötigt.

Marco Bettner/Erik Dinges/Bernard Ksiazek: Last Minute: Mathematik 5. Klasse
© Persen Verlag

28

Lösungen

Flächeninhalt Rechteck – Einstieg

1 Bestimme den Flächeninhalt des Rechtecks durch Abzählen.

15 cm²

1 cm²

5 cm

3 cm

2 Wie lässt sich mit den beiden Längen- und Breitenangaben des Rechtecks der Flächeninhalt noch bestimmen?

3 cm · 5 cm = 15 cm²

3 Erstelle eine Formel für den Flächeninhalt eines Rechtecks (A$_R$) in Abhängigkeit von der Länge a und der Breite b.

a

b

A$_R$ = a · b

Flächeninhalt Rechteck I

1 Schneide die unten abgebildeten Quadrate aus und lege sie in die Rechtecke. Bestimme anschließend den Flächeninhalt.

a)

10 Kästchen = 10 cm²

b)

18 Kästchen = 18 cm²

c)

24 Kästchen = 24 cm²

d)

30 Kästchen = 30 cm²

e)

16 Kästchen = 16 cm²

Lösungen

Flächeninhalt Rechteck II

1 Berechne den Flächeninhalt der abgebildeten Rechtecke.

a) A = 21 cm²

7 cm
3 cm

b) A = 280 dm²

20 dm
14 dm

c) A = 6240 mm²

52 mm
120 mm

2 Notiere eine Formel für die Berechnung des Flächeninhaltes eines Quadrats (A_Q) in Abhängigkeit von der Seitenlänge a.

$A_Q = a \cdot a = a^2$

a

3 Was passiert mit dem Flächeninhalt eines Quadrats, wenn sich die Seitenlänge a verdoppelt? Kreuze an.

☒ Der Flächeninhalt vervierfacht sich.
☐ Der Flächeninhalt verdoppelt sich.
☐ Der Flächeninhalt ändert sich nicht.

4 Zeichne die Rechtecke in ein Koordinatensystem und bestimme deren Flächeninhalt.

a) A(2/0); B(5/0); C(5/4); D(2/4) 12   b) A(3/1); B(4/1); C(4/7); D(3/7) 6

5 Kreuze die richtigen Aussagen an.

Der Flächeninhalt eines Rechtecks berechnet sich ...

a) aus der Summe der beiden Seitenlängen. ☐
b) aus dem Produkt der beiden Seitenlängen. ☒
c) weder aus der Summe noch aus dem Produkt der beiden Seitenlängen. ☐

Marco Bettner/Erik Dinges/Bernard Ksiazek: Last Minute: Mathematik 5. Klasse
© Persen Verlag

Flächeninhalt Rechteck III

1 Was passiert mit dem Flächeninhalt eines Rechtecks, wenn eine Seitenlänge verdoppelt wird? Kreuze die richtige Aussage an.

a) Der Flächeninhalt bleibt gleich. ☐
b) Der Flächeninhalt verdoppelt sich. ☒
c) Der Flächeninhalt verdreifacht sich. ☐

2 Berechne die fehlenden Größen eines Rechtecks auf einem Extrablatt.

	a)	b)	c)	d)	e)
a	40 dm	5,5 cm	11,5 cm	12 m	75 cm
b	30 dm	17,5 cm	29,9 cm	1,6 m	112 cm
A	1200 dm²	96,25 cm²	274,85 cm²	19,2 m²	8400 cm²

3 Bestimme die gesuchte Größe.

a) a = 7 cm; A_R = 21 cm²; gesucht: b   b) b = 44 cm; A_R = 1012 cm²; gesucht: a

b = 3 cm   a = 23 cm

4 Ein rechteckiger Kellerraum (a = 6 m; b = 4 m) soll gefliest werden. Wie viel muss für die Fliesen bezahlt werden, wenn 1 m² 14 € kostet?

Es müssen 336 € bezahlt werden.

5 Darias Mutter möchte die 20 m lange und 16 m breite Rasenfläche neu anlegen. Für 1 m² Rasen benötigt sie dafür 50 g Samen. 1 kg Samen kosten 8,6 €. Wie viel muss Darias Mutter für den Samen ausgeben?

Rasenfläche: A_R = 20 m · 16 m = 320 m²;
benötigter Samen: 320 · 0,05 kg = 16 kg;
Kosten 16 · 8,6 € = 137,6 €.
Darias Mutter muss 137,6 € für den Samen ausgeben.

Marco Bettner/Erik Dinges/Bernard Ksiazek: Last Minute: Mathematik 5. Klasse
© Persen Verlag

Bernard Ksiazek/Marco Bettner/Erik Dinges: Last Minute: Mathematik 5. Klasse
© Persen Verlag

Lösungen

Marco Bettner/Erik Dinges/Bernard Ksiazek: Last Minute Mathematik 5. Klasse
© Persen Verlag

Quader – Einstieg

1 Beschrifte.

Ecke
Kante
Seitenfläche

2 Vervollständige den Steckbrief des Quaders.

Name der Grundfläche: _Rechteck_

Anzahl Ecken: 8

Anzahl Kanten: 12

Anzahl Flächen: 6

3 Der Quader ist 8 cm lang, 5 cm breit und 3 cm hoch. Wie viel cm Draht werden zur Herstellung des Modells benötigt?

Rechnung: 4 · 8 cm + 4 · 5 cm + 4 · 3 cm =

32 cm + 20 cm + 12 cm = 64 cm

Antwort: Es werden 64 cm Draht zur Herstellung des Modells benötigt.

33

Quader I

1 Mit welchen Netzen kann man einen Quader bauen? Kreuze an.

a) ☒   b) ☒   c)

d) ☐   e) ☐   f) ☒

2 Male die gegenüberliegenden Seiten des Quaders mit verschiedenen Farben an.

a)

b)

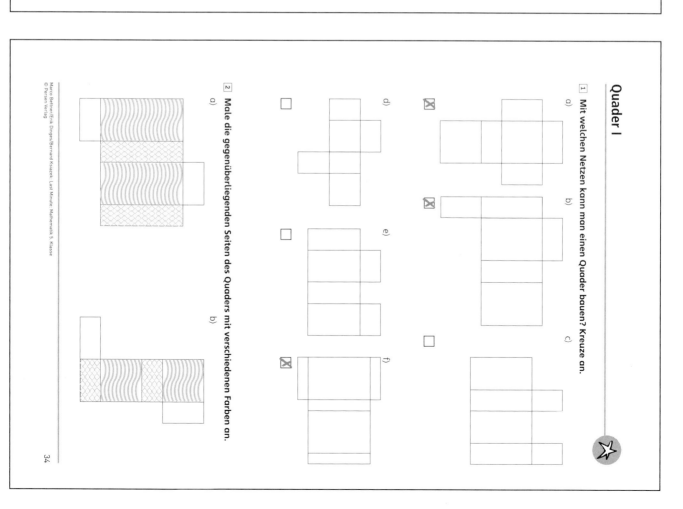

Marco Bettner/Erik Dinges/Bernard Ksiazek: Last Minute Mathematik 5. Klasse
© Persen Verlag

34

Lösungen

Quader II

1 Zeichne ein Schrägbild eines Quaders mit den Seitenlängen:
a = 8 cm; b = 2 cm und c = 4 cm.

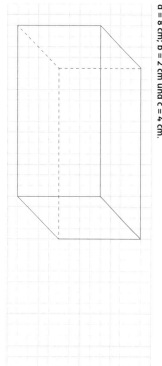

2 Berechne die benötigte Drahtlänge für das Kantenmodell eines Quaders auf einem Extrablatt.
Kreise die richtigen Lösungen ein.

a) a = 7 cm; b = 4 cm; c = 2 cm 52 cm
b) a = 34 cm; b = 41 cm; c = 20 cm 380 cm
c) a = 19 dm; b = 17 dm; c = 18 dm 216 dm
d) a = 24 cm; b = 33 cm; c = 15 cm 288 cm
e) a = 5 m; b = 2 m; h = 4 m 44 m
f) a = 11 dm; b = 4 dm; h = 6 dm 84 dm

487 m   185 cm   52 cm   44 m   480 cm   754 dm   71 m   84 dm   380 cm   123 cm

216 dm

3 Vervollständige die Tabelle.

	Anzahl Ecken	Anzahl Kanten	Anzahl Flächen
Quader	8	12	6

Marco Bettner/Erik Dinges/Bernard Ksiazek: Last Minute: Mathematik 5. Klasse
© Persen Verlag

Quader III

1 Zeichne zwei verschiedene Netze eines Quaders.

a)

Verschiedene, individuelle Lösungsmöglichkeiten.

b)

2 Berechne die fehlenden Größen eines Quaders auf einem Extrablatt.

	a)	b)	c)	d)	e)
a	14 cm	7,5 m	74 cm	22 dm	41,7 m
b	5 cm	2,5 m	36 cm	11 dm	32,4 m
c	8 cm	3 m	89 cm	33 dm	28 m
Gesamt- länge aller Kanten	108 cm	52 m	796 cm	264 dm	408,4 m

3 Wie muss die Spinne krabbeln, um möglichst schnell bei der Fliege zu sein?
Zeichne eine verkleinerte Abwicklung des Schuhkartons und markiere den kürzesten Weg.

Tipp: Zeichne zuerst ein Netz des Schuhkartons. Die Seitenlängen darfst du festlegen.

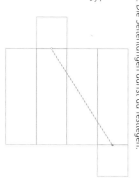

Marco Bettner/Erik Dinges/Bernard Ksiazek: Last Minute: Mathematik 5. Klasse
© Persen Verlag

Bernard Ksiazek/Marco Bettner/Erik Dinges: Last Minute: Mathematik 5. Klasse
© Persen Verlag

Lösungen

Marco Bettner/Erik Dinges/Bernard Ksiazek: Last Minute – Mathematik 5. Klasse
© Persen Verlag

Achsensymmetrie – Einstieg

1 Spiegle die dargestellte Figur an der Symmetrieachse und beschrifte die Spiegelpunkte mit A', B', C', D', E' und F'.

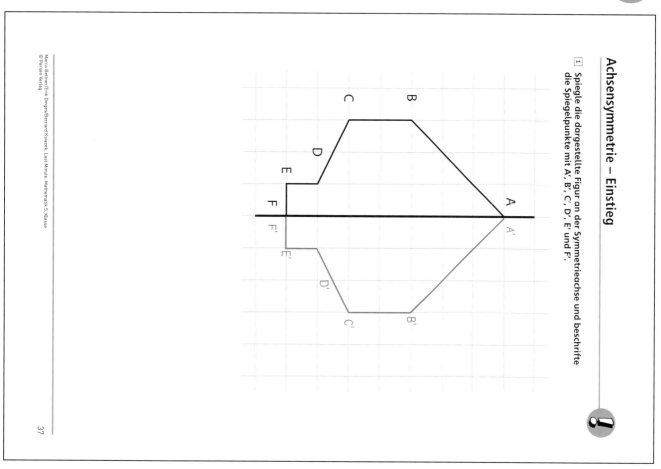

Achsensymmetrie I

1 Spiegle die Figuren an der Spiegelachse und benenne die Spiegelpunkte.

a)

b)

c)

d)

2 Nenne 5 Beispiele aus deiner Umwelt, in denen achsensymmetrische Figuren vorkommen.

Stoppschild, Autoreifen, Buch, Bildschirm, Briefumschlag

3 Zeichne bei diesen Figuren alle möglichen Symmetrieachsen ein.

a)

b)

c)

d)

e)

f)

g)

h)

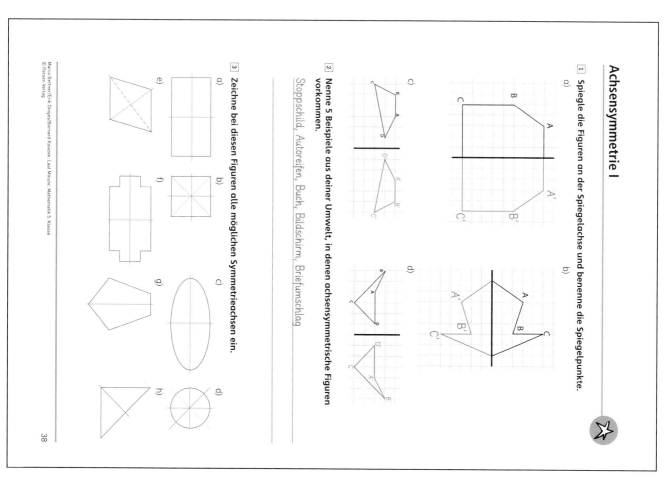

Marco Bettner/Erik Dinges/Bernard Ksiazek: Last Minute – Mathematik 5. Klasse
© Persen Verlag

Lösungen

Achsensymmetrie II

1 Trage die Punkte in ein Koordinatensystem ein und verbinde diese zu einem Dreieck. Spiegle dieses an der angegebenen Strecke.

a) A(2/1); B(4/1); C(3/4); die Spiegelgerade hat folgende Endpunkte: S_1(0/1); S_2(5/1)

b) A(3/5); B(1/3); C(2/1); die Spiegelgerade hat folgende Endpunkte: S_1(2/0); S_2(2/6)

c) A(1/2); B(4/4); C(1/4); die Spiegelgerade hat folgende Endpunkte: S_1(1/2); S_2(4/4)

2 Übertrage die Figuren in dein Heft und führe eine Spiegelung durch.

a)    b)   c)

3 Wie heißen die Wörter in normaler Darstellungsweise? Lege einen Spiegel richtig an.

a) Multiplikation

b) Achsenspiegelung

c) Mathematik

d) Automobil

4 Schreibe selbst zwei Wörter in spiegelverkehrter Schreibweise.

1. Individuelle Lösungen.

2. Überprüfe deine Antwort selbstständig mit einem Spiegel.

Marco Bettner/Erik Dinges/Bernard Ksiazek: Last Minute: Mathematik 5. Kasse
© Persen Verlag

Achsensymmetrie III

1 Spiegle die Figur an der Spiegelachse.

2 Übertrage die Figur in dein Heft und führe eine Spiegelung an der Geraden g durch.

a)   b)   c)

3 Tim hat zwei Figuren gespiegelt, jedoch einige Fehler eingebaut. Hilf ihm, seine Fehler zu verbessern.

a)   b)

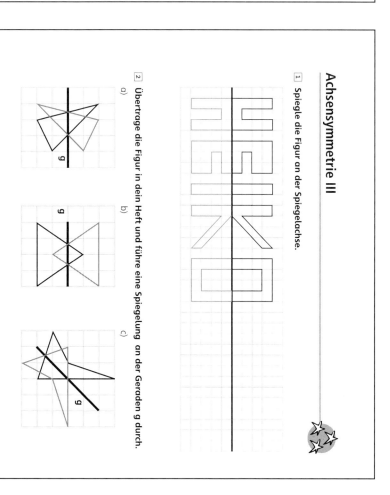

Marco Bettner/Erik Dinges/Bernard Ksiazek: Last Minute: Mathematik 5. Klasse
© Persen Verlag

Lösungen

Punktsymmetrie – Einstieg

1 Welche der folgenden Buchstaben sind punktsymmetrisch? Kreise sie ein.

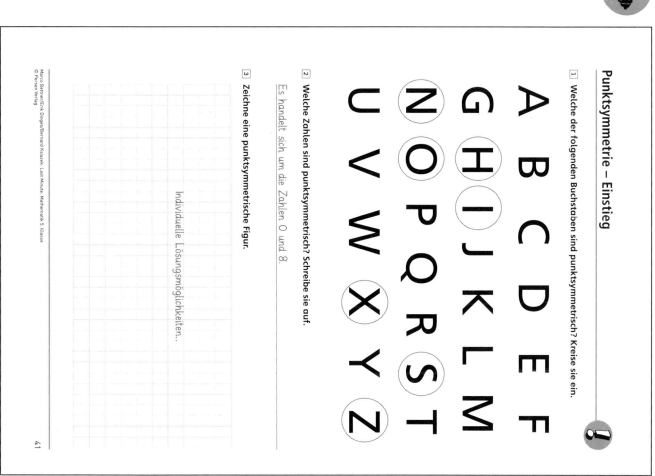

2 Welche Zahlen sind punktsymmetrisch? Schreibe sie auf.

Es handelt sich um die Zahlen 0 und 8.

3 Zeichne eine punktsymmetrische Figur.

Individuelle Lösungsmöglichkeiten.

41

Punktsymmetrie I

1 Kreise die punktsymmetrischen Figuren ein.

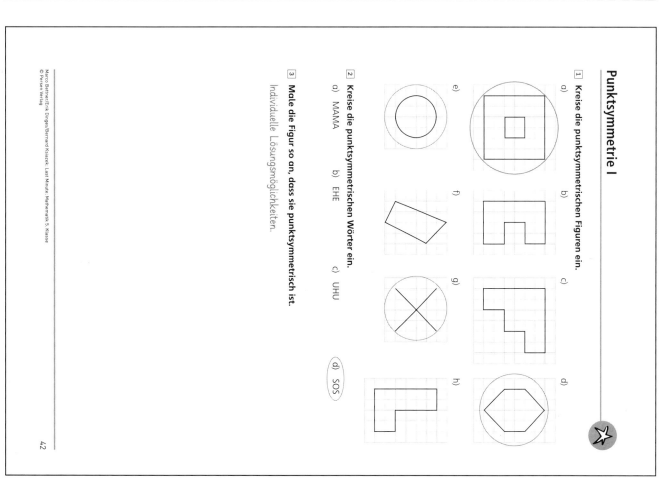

2 Kreise die punktsymmetrischen Wörter ein.

a) MAMA   b) EHE   c) UHU   d) SOS

3 Male die Figur so an, dass sie punktsymmetrisch ist.

Individuelle Lösungsmöglichkeiten.

42

Lösungen

Punktsymmetrie II

1 Erkläre, was Punktsymmetrie bedeutet.

Eine Figur ist punktsymmetrisch oder drehsymmetrisch, wenn sie durch eine Drehung an einem Symmetriepunkt sich selbst zur Deckung bringen kann.

2 a) Zeichne, wenn möglich, das Symmetriezentrum ein.

1. 2. 3.

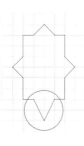
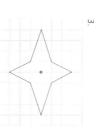

b) Markiere, falls nötig die Stellen farbig, warum eine Punktsymmetrie nicht möglich ist.

3 Ergänze die folgenden Figuren zu punktsymmetrischen Figuren.

a) b)

Marco Bettner/Erik Dinges/Bernard Ksiazek: Last Minute: Mathematik 5. Klasse
© Persen Verlag

43

Punktsymmetrie III

1 Ermittle das Symmetriezentrum zeichnerisch.

a) b)

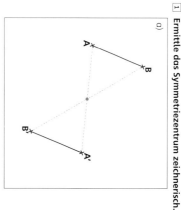

2 Notiere zwei punktsymmetrische Wörter.

1. OHO 2. SOS

3 a) Zeichne in das Koordinatensystem das Viereck ABCD
mit den Eckpunkten
A(1|−1), B(4|2), C(2|3), D−1|0).

b) Führe eine Punktspiegelung am
Punkt Z (0|0) durch.

c) Gib die neuen Koordinaten-
punkte der Bildpunkte an.

A′(−1 | 1)
B′(−4 | −2)
C′(−2 | −3)
D′(1 | 0)

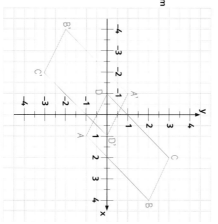

Marco Bettner/Erik Dinges/Bernard Ksiazek: Last Minute: Mathematik 5. Klasse
© Persen Verlag

44

Lösungen

---

1 Verschiebe die Figur. Beachte den Verschiebepfeil.

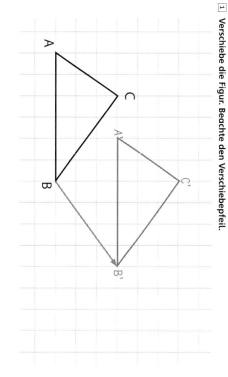

Merke:

Das Dreieck A'B'C' (Bilddreieck) entsteht durch Parallelverschiebung des Dreiecks ABC (Ursprungsdreieck). Die Richtung und die Weite der Verschiebung gibt der Verschiebepfeil an.

Im oberen Beispiel wird jeder Eckpunkt A, B, C um 4 Einheiten nach rechts und 3 Einheiten nach oben verschoben.

Figuren verschieben I

1 Verschiebe die Buchstaben mehrmals um sechs Kästchen nach rechts.

a)

b)

2 Trage in die nebenstehenden Zeichnungen die Verschiebepfeile ein. Beschrifte die abgebildeten Punkte.

a)

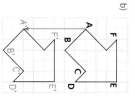

b)

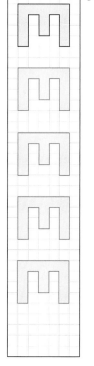
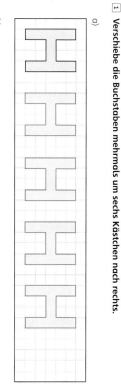

Lösungen

Figuren verschieben II

1 Verschiebe die Figuren. Beachte den jeweiligen Verschiebepfeil.

a)

b)

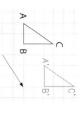

c)

2 Zeichne die Figuren in ein Koordinatensystem. Verschiebe die Punkte um 3 Einheiten nach rechts und eine Einheit nach oben. Zeichne die Bildfigur.

a) A(2|3), B(4|3), C(3|4)   b) A(0|0), B(5|1), C(2|6)   c) C(0|5), B(4|3), A(1|1)

3 Zeichne den Verschiebepfeil ein.

a)

b)

c)

4 Das Bilddreieck ist um die angegebene Verschiebung aus dem Ursprungsdreieck entstanden. Gib die fehlenden Koordinaten an.

a)

Ursprungsdreieck	Verschiebung	Bilddreieck
A(0|0)	2 Einheiten nach rechts und 1 Einheit nach oben	A(2|1)
B(4|0)		B(6 / 1)
C(3|2)		C(5 / 3)

b)

Ursprungsdreieck	Verschiebung	Bilddreieck
A(1|6)	3 Einheiten nach rechts und 3 Einheit nach unten	A(4 / 3)
B(3|7)		B(6 / 4)
C(2|8)		C(5 / 5)

Marco Bettner/Erik Dinges/Bernard Ksiazek: Last Minute: Mathematik 5. Klasse
© Persen Verlag

Figuren verschieben III

1 Die Dreiecke ABC sollen durch Verschiebungen auf das Dreieck A'B'C' abgebildet werden. Übertrage die Punkte in ein Koordinatensystem auf einem Extrablatt und gib die fehlenden Koordinaten an.

a)

Original	Abbildung
A(7|2)	A'(6|5)
B(13|1)	B'(12|4)
C(11|3)	C'(10|6)

b)

Original	Abbildung
A(1|1)	A'(1|5)
B(5|2)	B'(5|6)
C(2|3)	C'(2|7)

c)

Original	Abbildung
A(8|6)	A'(9|10)
B'(11|5)	B'(12|9)
C'(10|8)	C'(11|12)

2 Kreuze die richtigen Aussagen an.

a) Die Richtung und die Länge der Verschiebung werden nicht durch den Verschiebepfeil angeben.

b) Die Richtung und die Länge der Verschiebung werden durch den Verschiebepfeil angeben. ☒

c) Eine Verschiebung entlang eines Pfeils führen immer zur gleichen Bildfigur. ☒

d) Wenn ein Ausgangspunkt mit dem dazugehörigen durch Verschiebung entstandenen Bildpunkt verbunden wird, so ist diese Gerade parallel zum Verschiebepfeil. ☐

3 Zeichne ein Dreieck ABC und verschiebe es so, dass der Punkt A auf A'(8/3) abgebildet wird. Verwende ein Extrablatt.

a) A(4|2), B(6|4), C(3|1)

b) A(7|9), B(12|8), C(10|11)

4 Das Dreieck ABC mit A(2|2), B(8|4) und C(3|6) hat als Bildfigur das Dreieck A'B'C' mit A'(7|8), B'(13|10) und C'(8|12). Handelt es sich um eine Spiegelung oder eine Verschiebung? Überprüfe durch Zeichnung.

Marco Bettner/Erik Dinges/Bernard Ksiazek: Last Minute: Mathematik 5. Klasse
© Persen Verlag

Abbildungsverzeichnis

Illustrationen:

Kopfzeilenpiktogramme: Satzpunkt Ursula Ewert GmbH

Asienkarte S. 3: gemeinfrei. URL: www.d-maps.com

Motorrad S. 15: Marion El-Khalafawi

Fans im Stadion S. 19: Marion El-Khalafawi

Quader S. 33: Marion El-Khalafawi

Konstruktionen: Satzpunkt Ursula Ewert GmbH